*Cuide bem da sua figueira e
você terá figos para comer.*
Provérbios 27.18a

LEI Nº 8.112/90 EM MAPAS MENTAIS
ESTATUTO DOS SERVIDORES PÚBLICOS FEDERAIS

THIAGO STRAUSS
MARCELO LEITE

revisão por
Mapas Mentais 4

LEI Nº 8.112/90 EM MAPAS MENTAIS
ESTATUTO DOS SERVIDORES PÚBLICOS FEDERAIS

2ª edição, revista e atualizada

Niterói, RJ
2015

 © 2015, Editora Impetus Ltda.

Editora Impetus Ltda.
Rua Alexandre Moura, 51 – Gragoatá – Niterói – RJ
CEP: 24210-200 – Telefax: (21) 2621-7007

Conselho Editorial:
Ana Paula Caldeira • Benjamin Cesar de Azevedo Costa
Ed Luiz Ferrari • Eugênio Rosa de Araújo • Fábio Zambitte Ibrahim
Fernanda Pontes Pimentel • Izequias Estevam dos Santos
Marcelo Leonardo Tavares • Renato Monteiro de Aquino
Rogério Greco • William Douglas

Editoração Eletrônica: Dos Autores
Capa: Wilson Cotrim
Revisão Ortográfica: C&C Criações e Textos Ltda.
Impressão e Encadernação: Vozes Editora e Gráfica Ltda.

S893L

Strauss, Thiago.
    Lei 8112/90 revisão por mapas mentais / Thiago Strauss e Marcelo Leite. 2ª ed. – Niterói, RJ: Impetus; [S.l.]: Ponto, 2015.
88 p. ; 23 x 33 cm.

ISBN 978-85-7626-846-8

1. Servidores públicos – Estatuto legal, leis, etc. – Brasil. 2. Método de estudo. 4. Estratégia de aprendizagem. 5. Serviço público – Brasil – Concursos. I. Leite, Marcelo. II. Strauss, Thiago. III. Título.

CDD – 351.81076

O autor é seu professor; respeite-o: não faça cópia ilegal.
TODOS OS DIREITOS RESERVADOS – É proibida a reprodução, salvo pequenos trechos, mencionando-se a fonte. A violação dos direitos autorais (Lei nº 9.610/98) é crime (art. 184 do Código Penal). Depósito legal na Biblioteca Nacional, conforme Decreto nº 1.825, de 20/12/1907.

A Editora Impetus informa que se responsabiliza pelos defeitos gráficos da obra. Quaisquer vícios do produto concernentes aos conceitos doutrinários, às concepções ideológicas, às referências, à originalidade e à atualização da obra são de total responsabilidade do autor/atualizador.

www.impetus.com.br

Dedicatória

À minha mãe, F<small>ERNANDA</small>, pessoa que dedicou sua vida à minha educação, e a quem eu sou eternamente grato.

Aos meus filhos, M<small>ARCELO</small> e V<small>ÍTOR</small>, fontes maiores da minha inspiração.

À minha esposa, M<small>AIRA</small>, que, sempre a meu lado, demonstrou compreensão nos momentos em que estive ausente.

Thiago Strauss

Aos meus pais, A<small>LCIDES</small> e M<small>ARIA DE</small> L<small>OURDES</small>, com a minha infinita gratidão a quem sempre me incentivou nos estudos e ofereceu conforto físico e emocional para o alcance dos meus objetivos.

Ao amigo V<small>ICENTE</small> P<small>AULO</small>, pelas oportunidades oferecidas e pelo reconhecimento que as obras de sua vida já impactaram, e muito, na minha vida.

Marcelo Leite

Os Autores

Thiago Strauss é Auditor Federal de Controle Externo do Tribunal de Contas da União, formado em Engenharia Mecânica pela Universidade de Brasília e professor de Direito Administrativo em cursos preparatórios para concursos públicos em Brasília. Foi também aprovado nos concursos para analista de finanças e controle da Controladoria Geral da União e especialista em financiamento e execução de programas e projetos educacionais do Fundo Nacional de Desenvolvimento da Educação.

Marcelo Leite é Analista Legislativo – Técnica Legislativa – da Câmara dos Deputados. Formado em Direito pelo Centro Universitário de Brasília (UniCeub), Ciência da Computação pela Universidade de Brasília (UnB) e pós-graduado em Auditoria e Controle da Gestão Governamental, e Sistemas Orientados a Objetos. Exerceu o cargo de Auditor Federal de Controle Externo do Tribunal de Contas da União por 5 anos (2007-2012). Foi também aprovado nos concursos para Analista Legislativo – Técnica Legislativa – da Câmara dos Deputados (2012), Auditor Federal de Controle Externo do TCU (2007), Analista e Técnico de Controle Interno do Ministério Público Federal (2007) e técnico do Tribunal Regional Federal (2006).

Apresentação

Ouse fazer e o poder lhe será dado. É com esse espírito que apresentamos, em continuidade à série, os Mapas Mentais da Lei nº 8.112/90 – Regime Jurídico dos Servidores Públicos Federais.

A ideia de adaptar a técnica de Mapas Mentais para concursos públicos surgiu quando, durante nossa preparação para o concurso do Tribunal de Contas da União, nos deparamos com a enorme quantidade de matérias cobradas e o vasto volume de informações a serem adquiridas. Naquela época, duas indagações fundamentais ocorreram: "como aprender todo o conteúdo em um prazo razoável?" e "como internalizar toda a matéria?". Criar mapas mentais foi a forma que encontramos para superar essa tarefa quase sobre-humana.

Os Mapas Mentais são esquemas que, elaborados na forma de organograma, abordam todo conteúdo da disciplina exigido em concursos públicos. Por facilitarem a organização mental da matéria estudada, representam um meio eficaz para a assimilação e a memorização do conhecimento.

Dentre as inúmeras vantagens que os Mapas Mentais proporcionam, destacamos a possibilidade de **organizar todo o conteúdo das disciplinas de forma estruturada**, partindo do gênero para as espécies, dos títulos para os subtítulos. Dessa forma, **você obtém a visão global da matéria, partindo da visão geral para os detalhes**.

Os mapas proporcionam, ainda, uma **comparação** entre as características das espécies de mesmo gênero, algo muito cobrado em provas de concursos, e possibilitam o encadeamento e a associação de ideias. Essa forma de esquematização permite realçar os principais conceitos da matéria e suas correlações com os demais institutos, buscando reforçar a memória associativa.

Além disso, o uso dos Mapas Mentais faz com que utilizemos os dois hemisférios do cérebro, inclusive partes que não costumamos usar com frequência nos estudos, como as que cuidam de nossa memória espacial, visual, e da criatividade. **Isso torna as sinapses cerebrais ainda mais fortalecidas**, consolidando a memória de longo prazo e multiplicando a capacidade de absorção.

Tendo em vista o enorme volume de matérias cobradas nos editais dos mais variados concursos públicos, percebemos que, para acessar esse vasto conhecimento na hora da prova, não é eficiente estudar de forma confusa e em muitos livros. A solução para aprender todo o conteúdo e, ao mesmo tempo, não esquecê-lo vem com a **repetição**, por meio da **revisão contínua e estruturada** da matéria.

Com os mapas, **você poderá revisar toda a disciplina em um período muito mais curto do que se você fosse fazê-lo por meio de um livro ou mesmo um texto-resumo**. Tal possibilidade é essencial para as últimas semanas que antecedem a prova, pois permitirá rever todo o conteúdo do edital em apenas alguns dias.

Ouse, arrisque e faça acontecer! Desejamos a todos vocês **MUITO SUCESSO** nessa jornada de preparação para concurso público, que é bastante trabalhosa, **mas também, ao fim, EXTREMAMENTE GRATIFICANTE!**

Um grande abraço e bons estudos!
Thiago Strauss e Marcelo Leite

"Se você pensa que pode ou sonha que pode, comece. Ousadia tem genialidade, poder e mágica. <u>Ouse fazer e o poder lhe será dado</u>."
(Goethe)

Sumário

Lei 8.112/90 – Visão Geral 1

1. **Agentes Públicos** 3
   Noções Introdutórias 5
   Classificação 6

2. **Disposições Constitucionais** 7
   Disposições Constitucionais..9
   Sistema Remuneratório...11
   Regime Próprio de Previdência dos Servidores Públicos 13

3. **Provimento, Vacância, Remoção, Redistribuição e Substituição** 15
   Provimento e Posse 17
   Exercício e Estágio Probatório 18
   Provimento 19
   Vacância 22
   Remoção 23
   Redistribuição...23
   Substituição 23

4. **Direitos e Vantagens** 25
   Vencimento e Remuneração 27
   Vantagens 28
      Indenizações...29
      Gratificações 31
      Adicionais...32
   Férias 33
   Licenças..34
   Afastamentos 39
   Concessões 42
   Direito de petição 43

5. **Regime Disciplinar** 45
   Deveres 47
   Proibições...48
   Responsabilidades 50
   Penalidades...52

　　　　Advertência 52
　　　　Suspensão 53
　　　　Demissão 54
　　　　Cassação 54
　　　　Destituição 54

6. **Processo Administrativo Disciplinar** **55**
　　Noções Preliminares 57
　　Sindicância 58
　　Rito Ordinário do PAD 59
　　Rito Sumário do PAD 61
　　Prazos 61

7. **Seguridade Social do Servidor** **63**
　　Disposições Gerais 65
　　Benefícios..66
　　　　Aposentadoria 66
　　　　Salário-Família 66
　　　　Pensão 67
　　　　Auxílio-Natalidade 69
　　　　Auxílio-Funeral 69
　　　　Auxílio-Reclusão 69
　　　　Licenças 69
　　Assistência à Saúde 70

LEI 8.112/90 - VISÃO GERAL

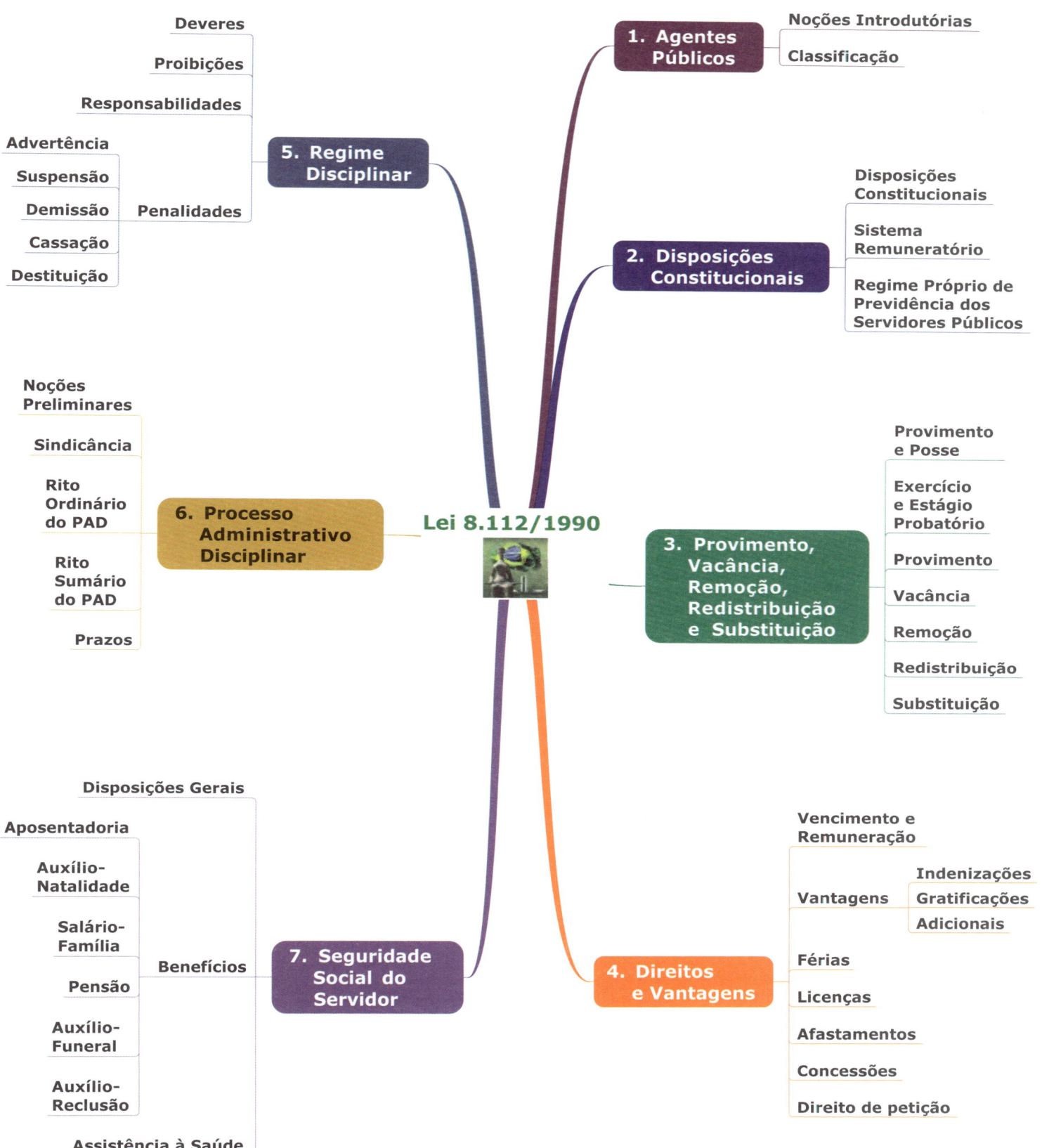

Capítulo 1

Agentes Públicos

AGENTES PÚBLICOS - NOÇÕES INTRODUTÓRIAS

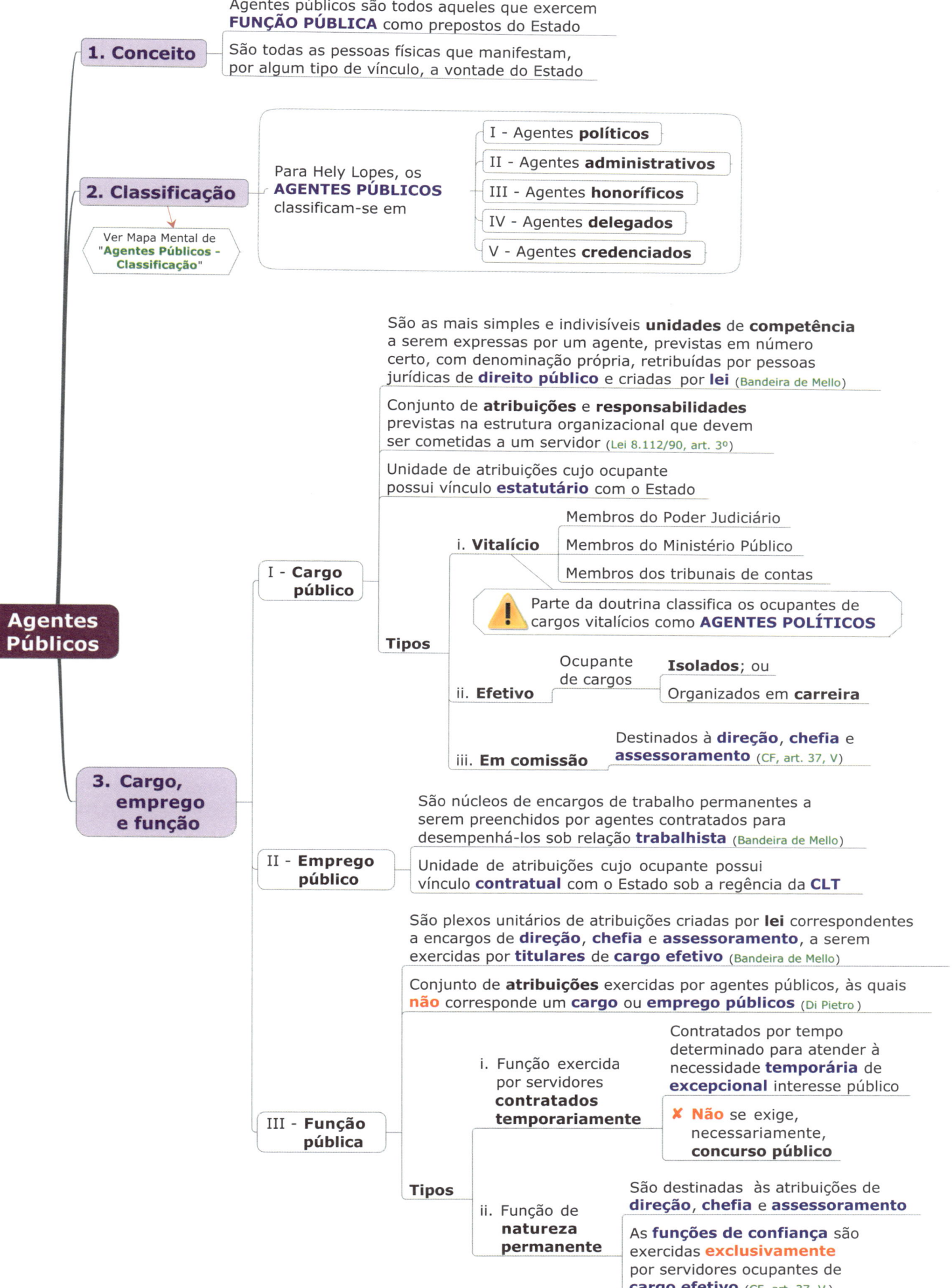

AGENTES PÚBLICOS - CLASSIFICAÇÃO

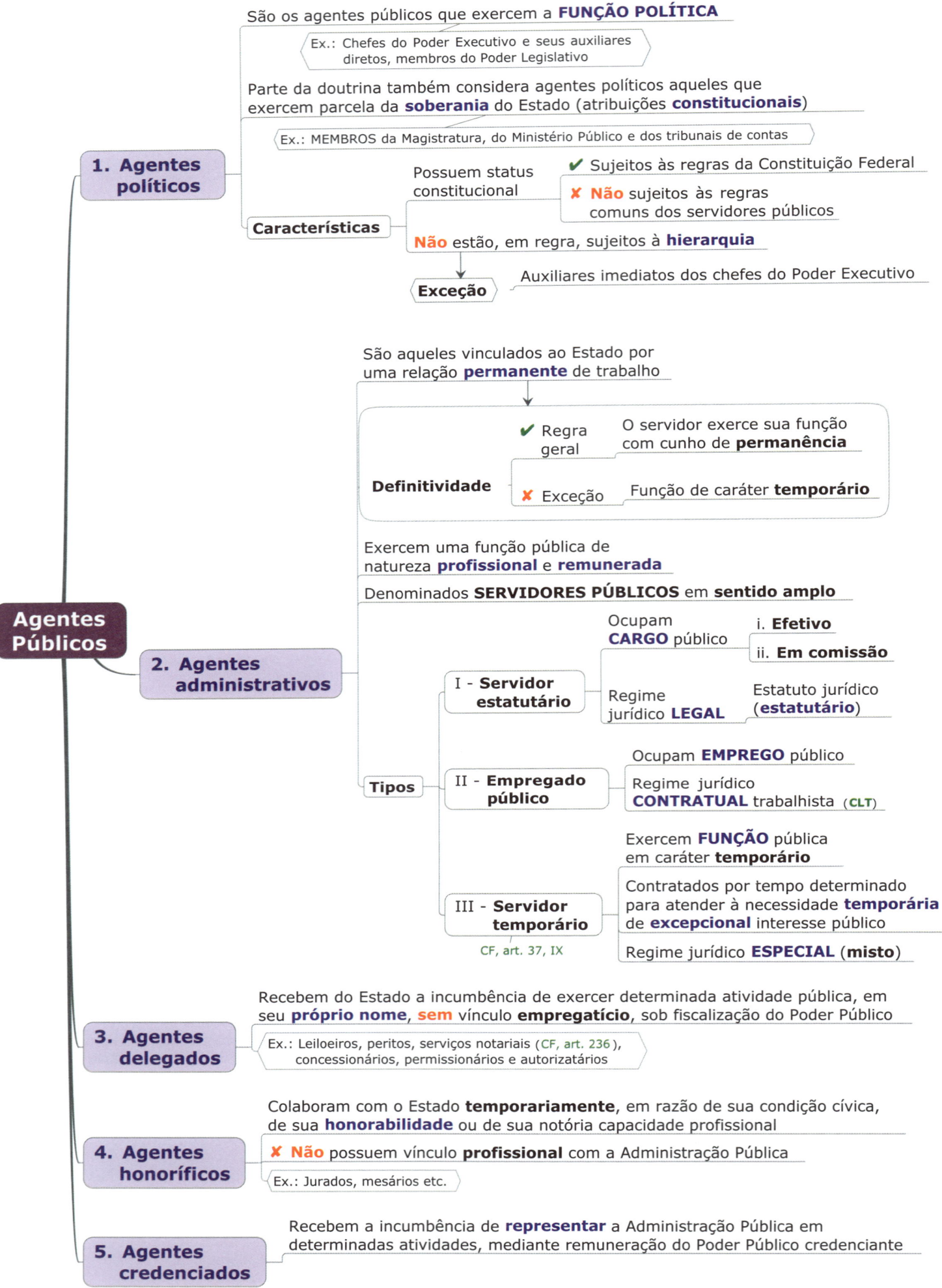

Capítulo 2
Disposições Constitucionais

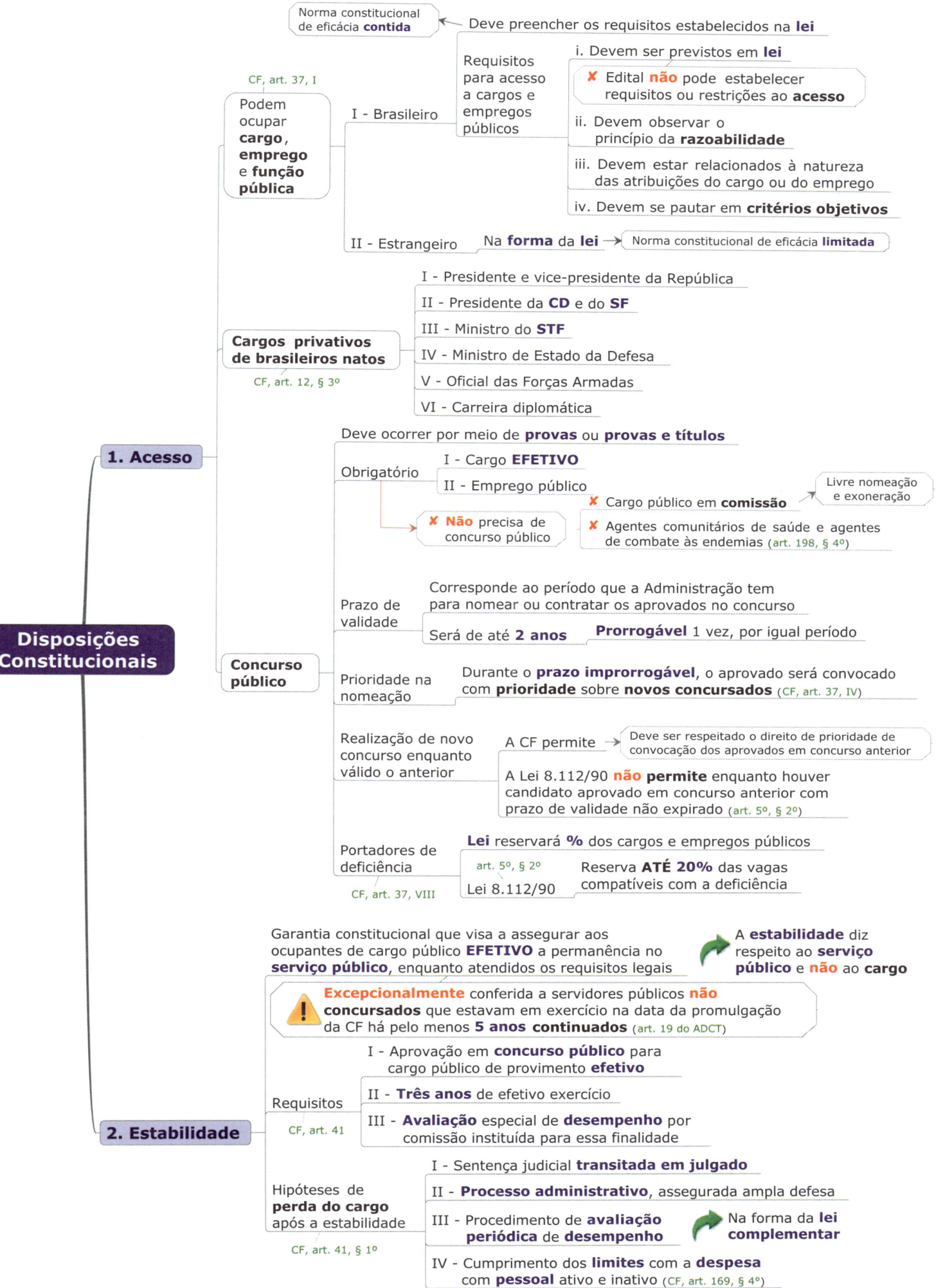

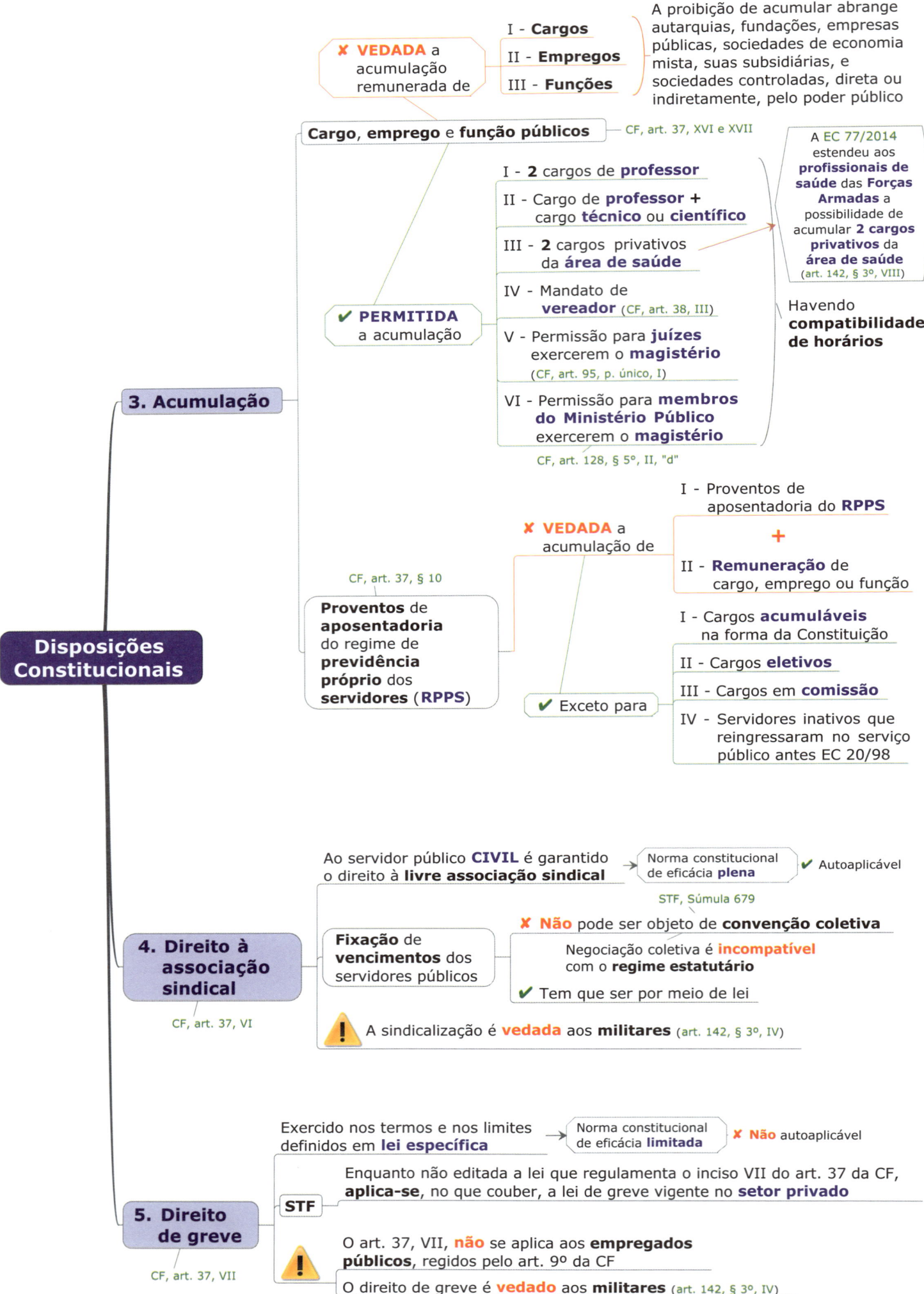

DISPOSIÇÕES CONSTITUCIONAIS III - SISTEMA REMUNERATÓRIO I

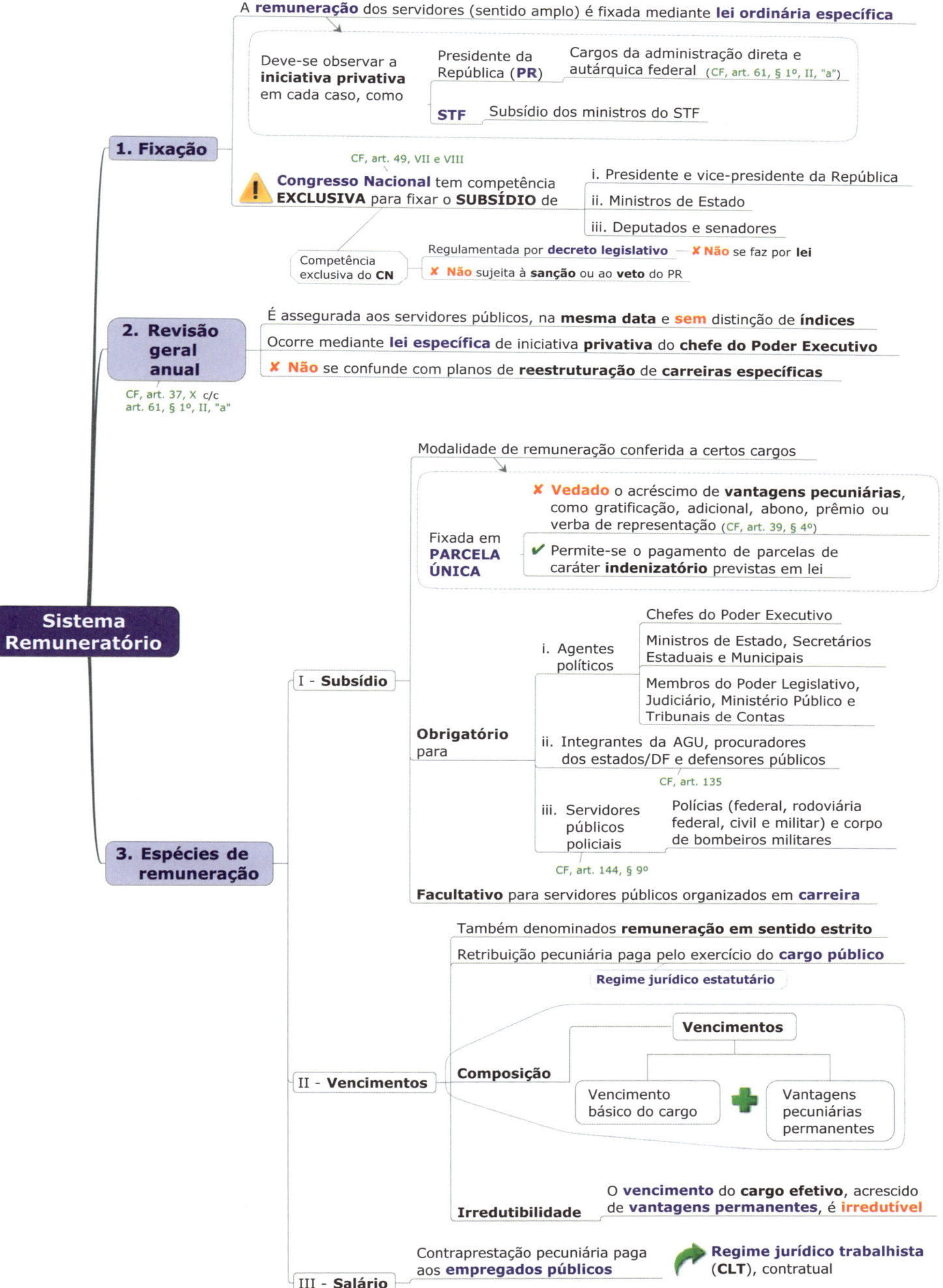

DISPOSIÇÕES CONSTITUCIONAIS IV - SISTEMA REMUNERATÓRIO II

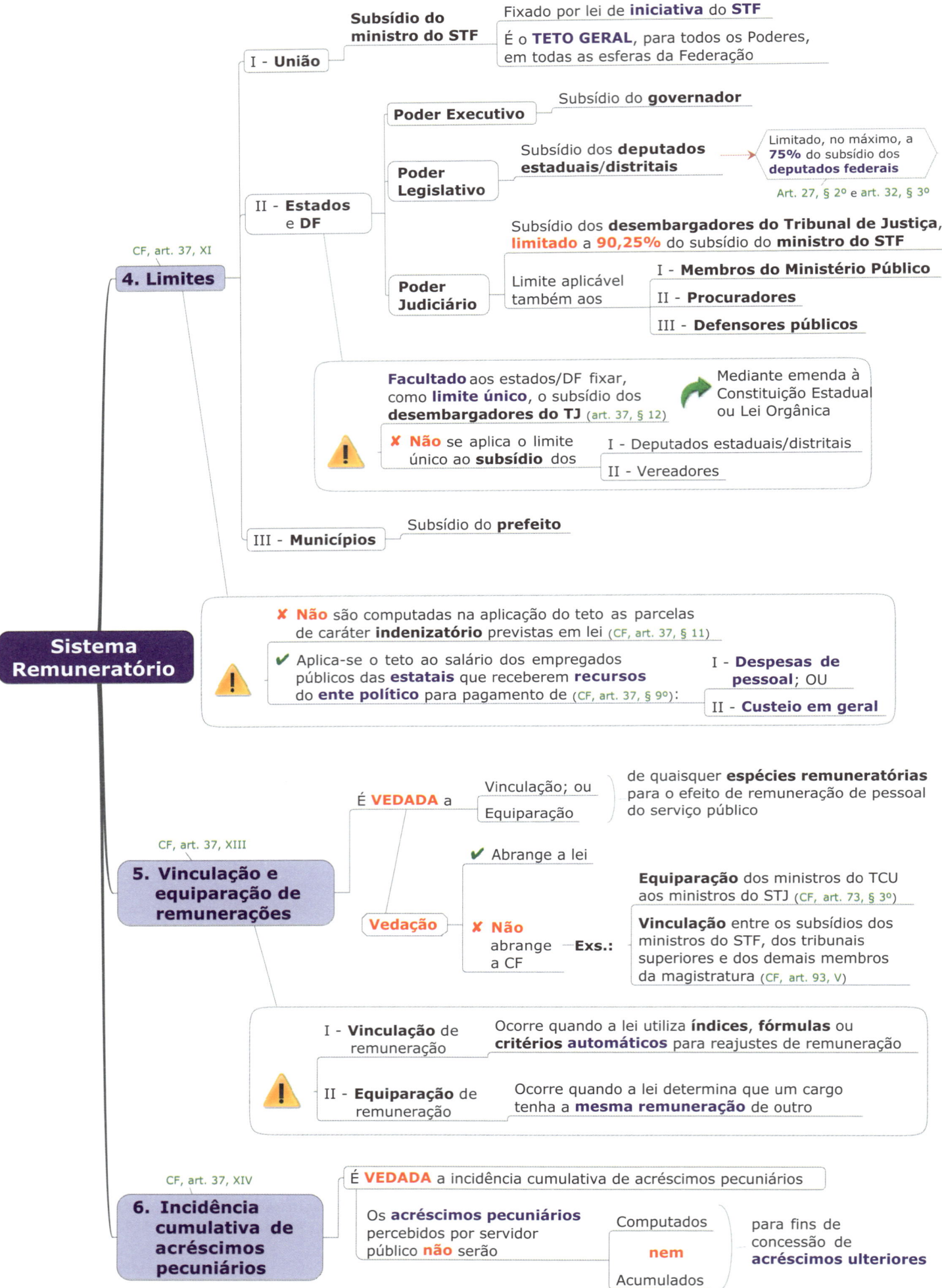

REGIME PRÓPRIO DE PREVIDÊNCIA DOS SERVIDORES PÚBLICOS (RPPS) I

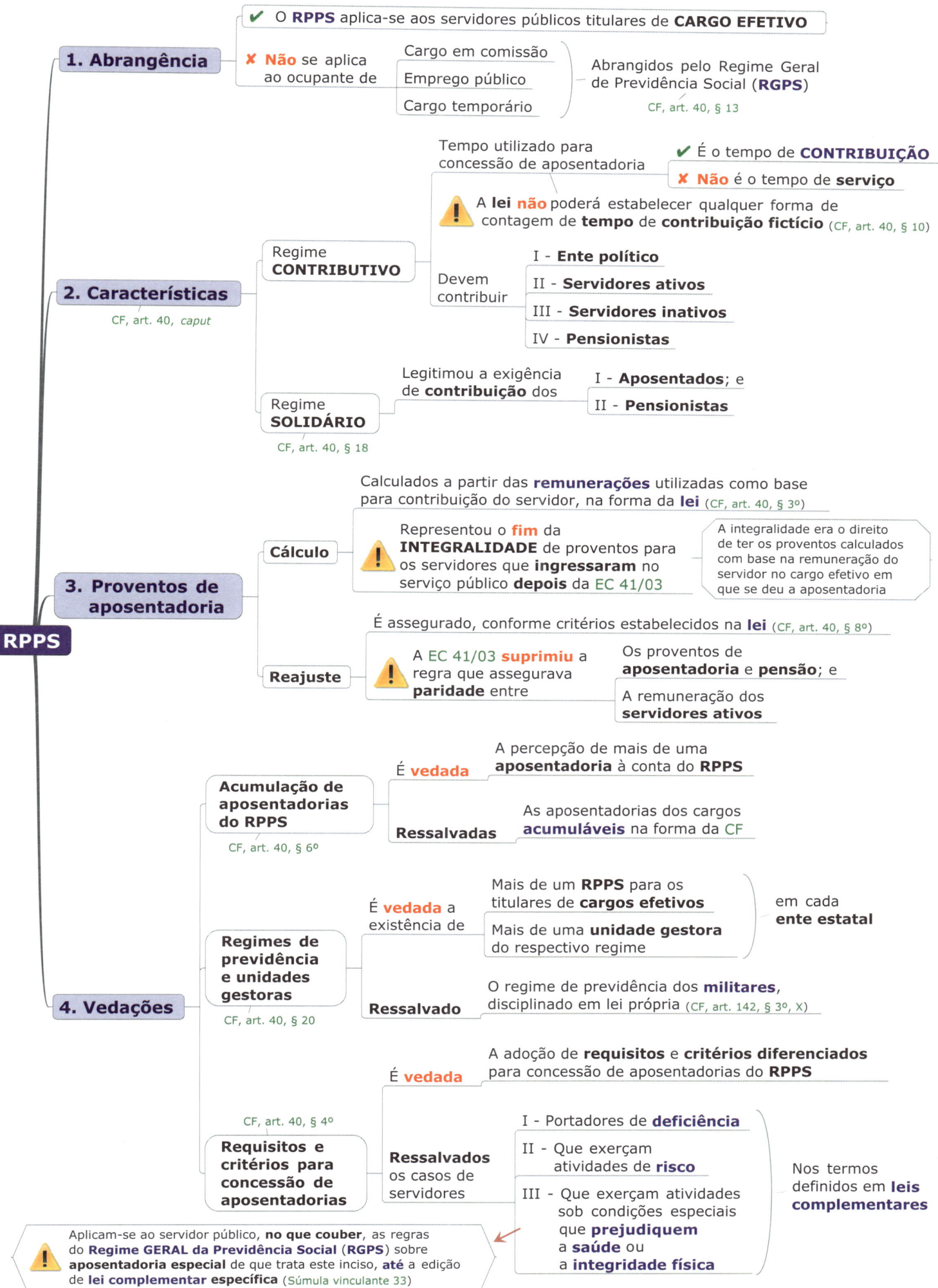

REGIME PRÓPRIO DE PREVIDÊNCIA DOS SERVIDORES PÚBLICOS (RPPS) II

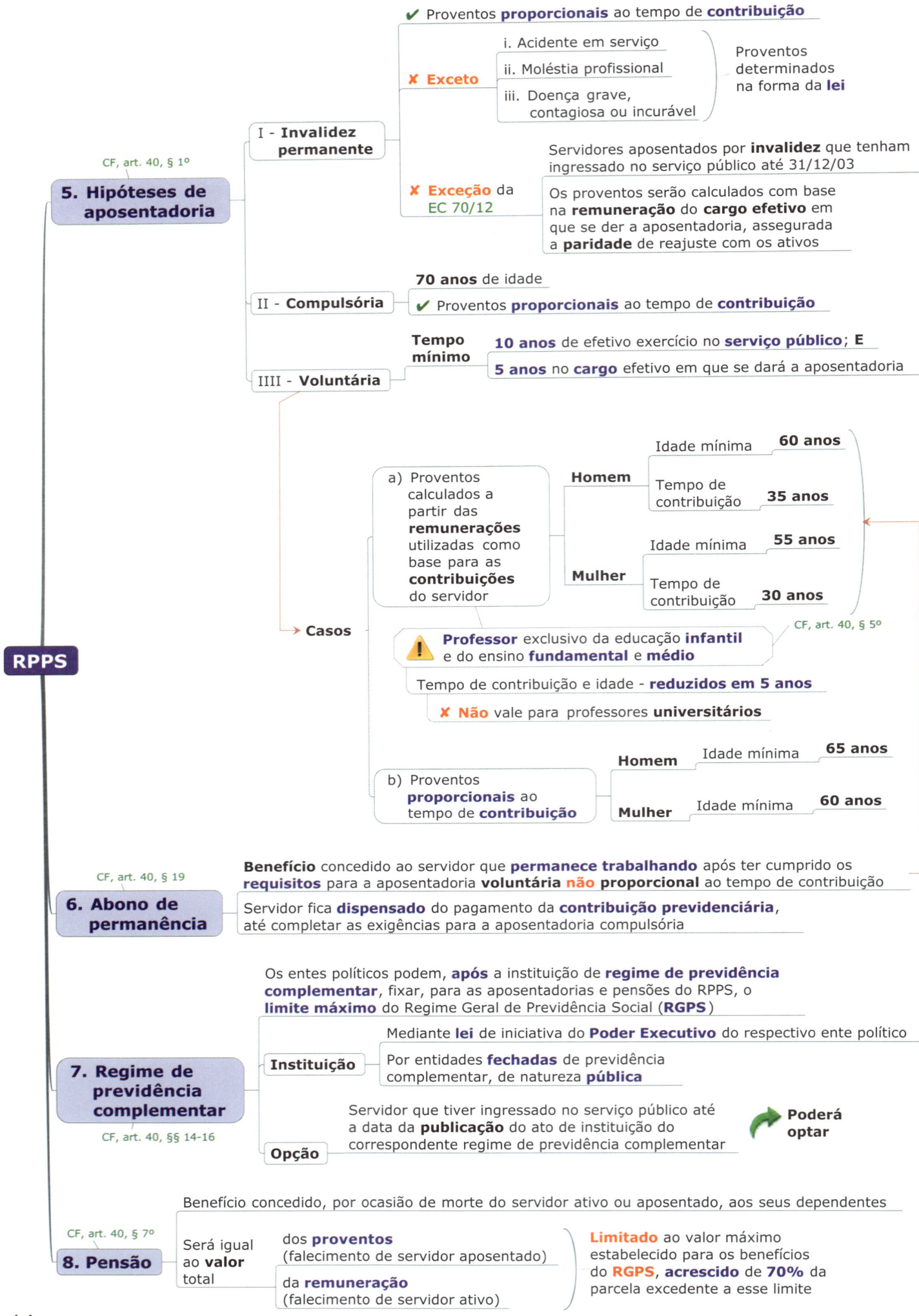

Capítulo 3

Provimento, Vacância, Remoção, Redistribuição e Substituição

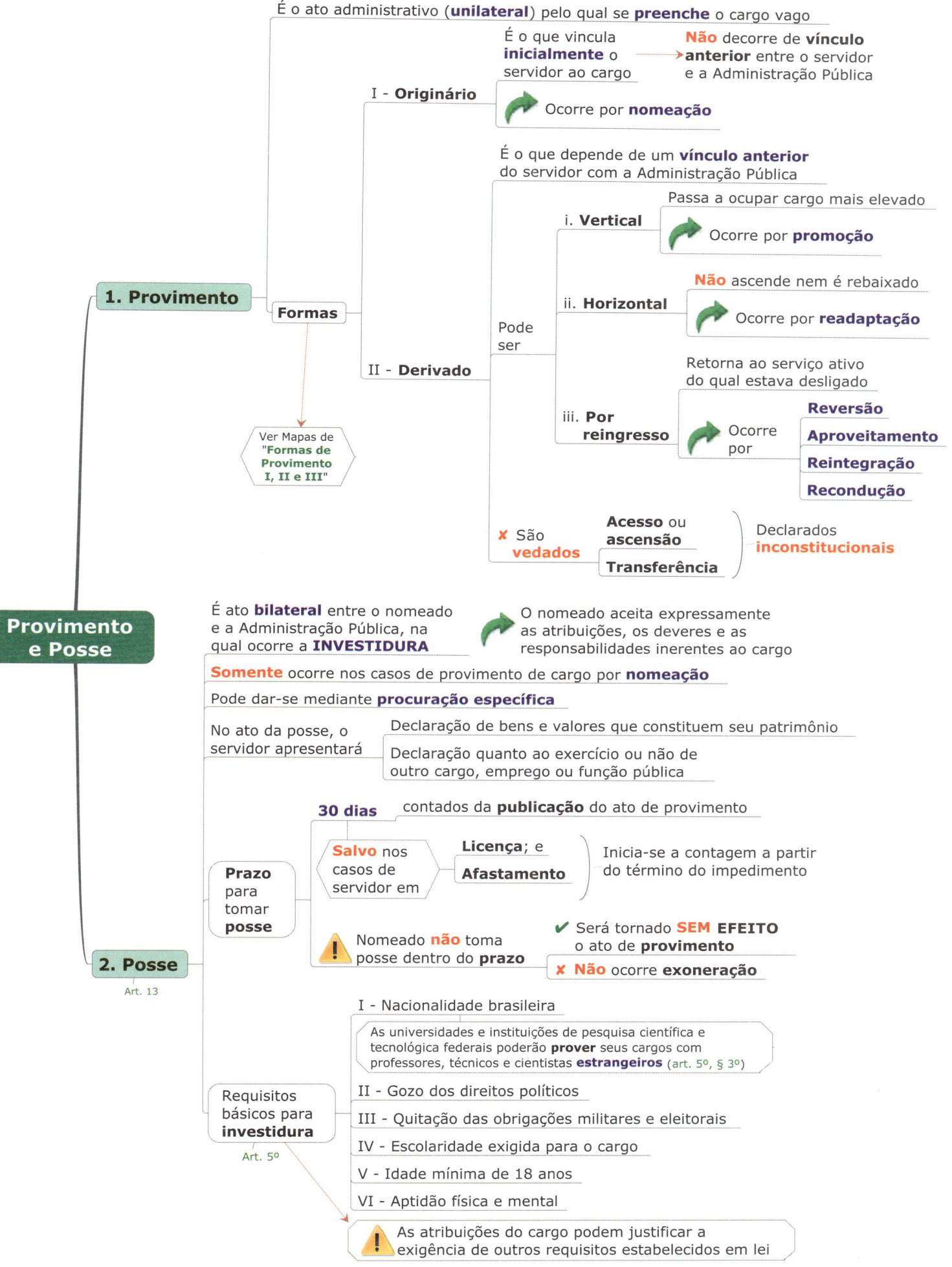

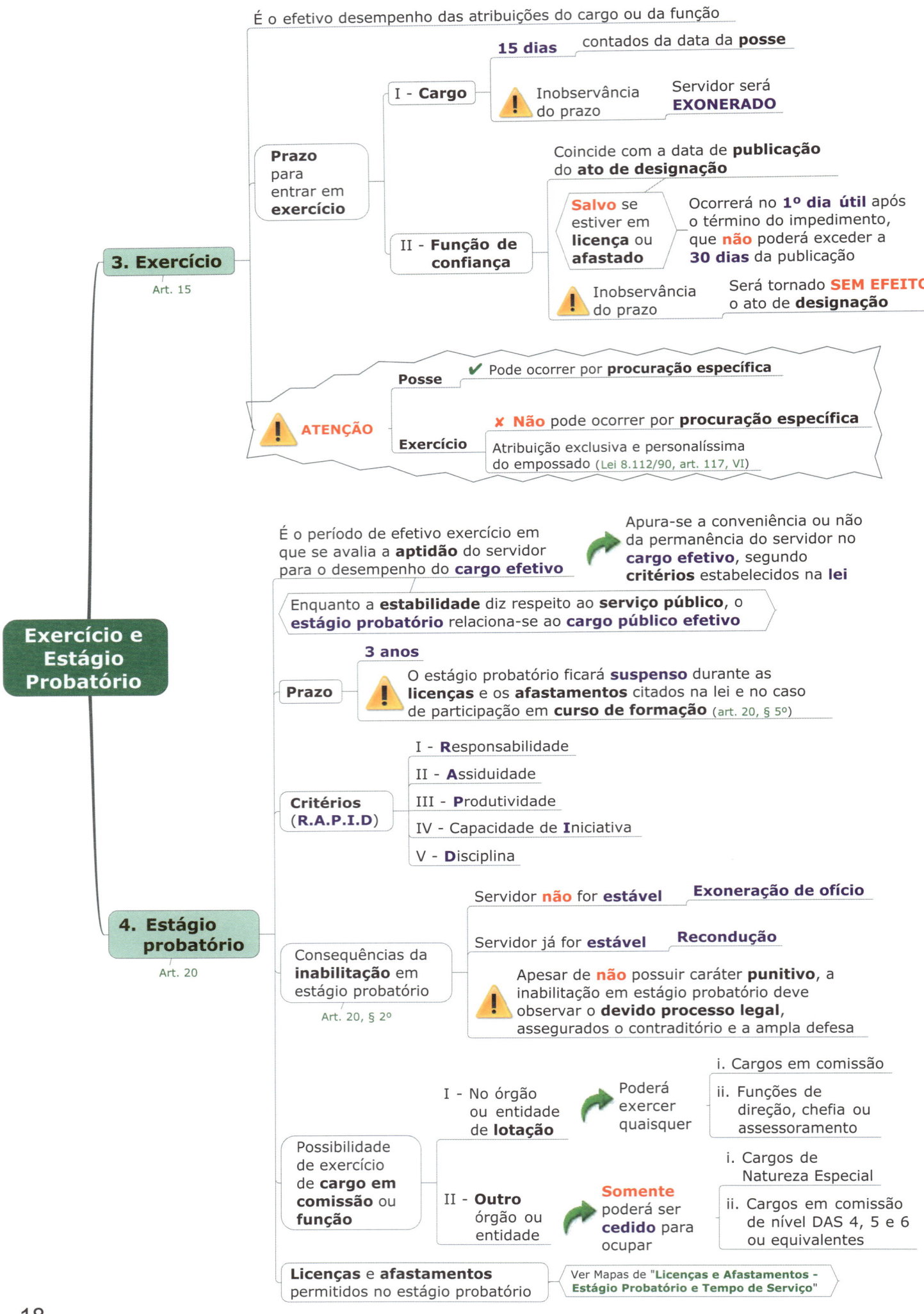

FORMAS DE PROVIMENTO I

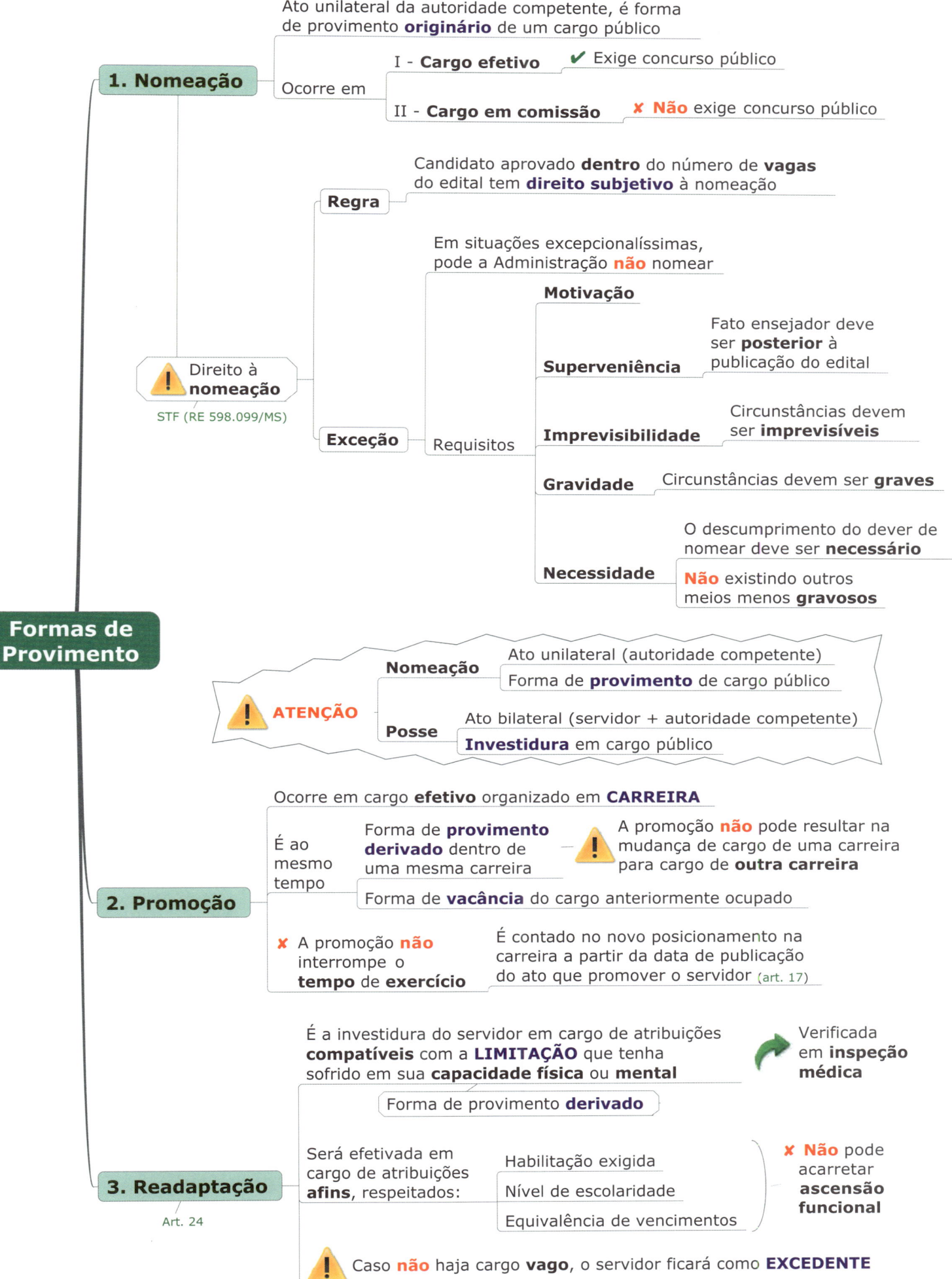

FORMAS DE PROVIMENTO II

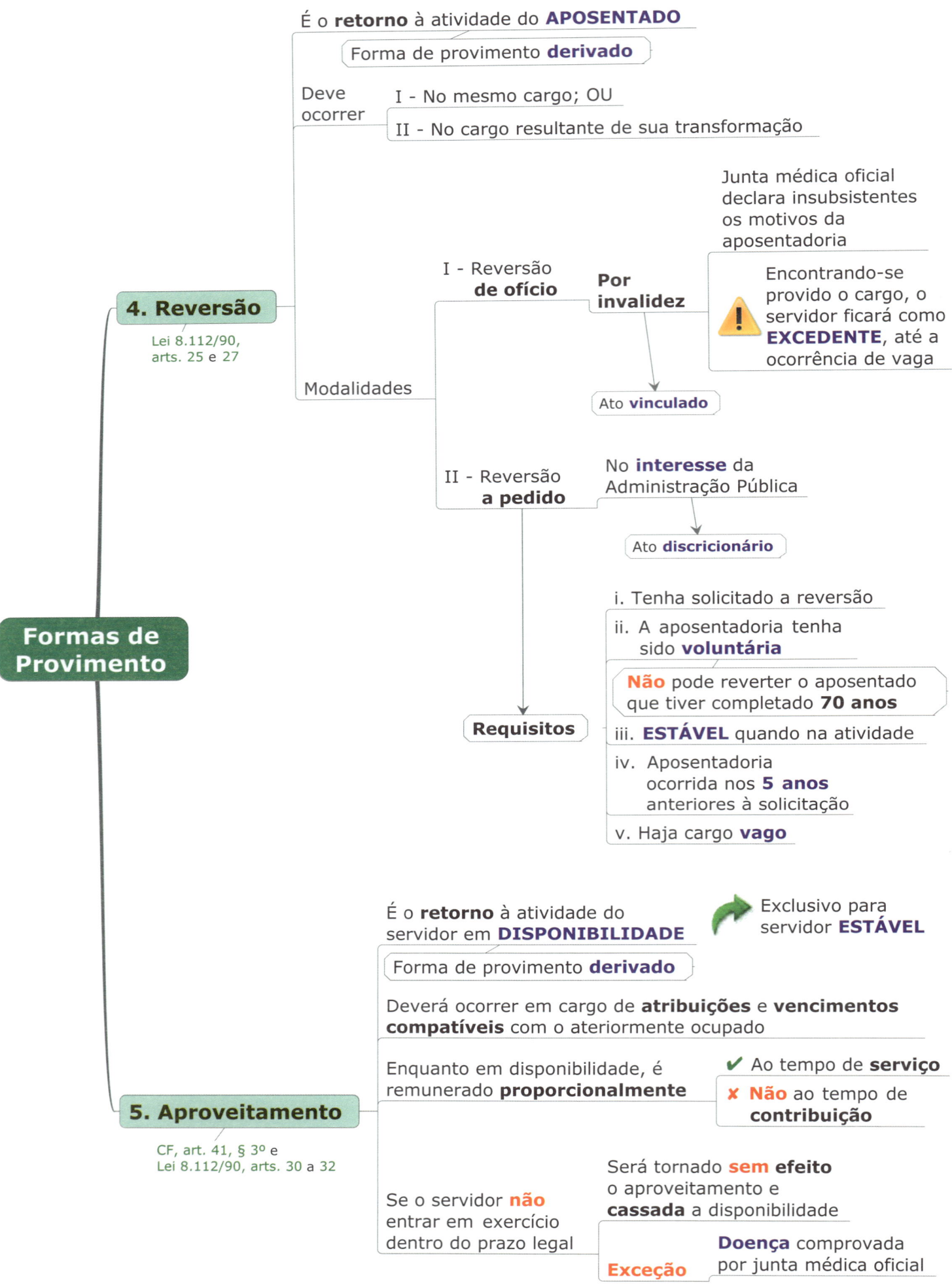

FORMAS DE PROVIMENTO III

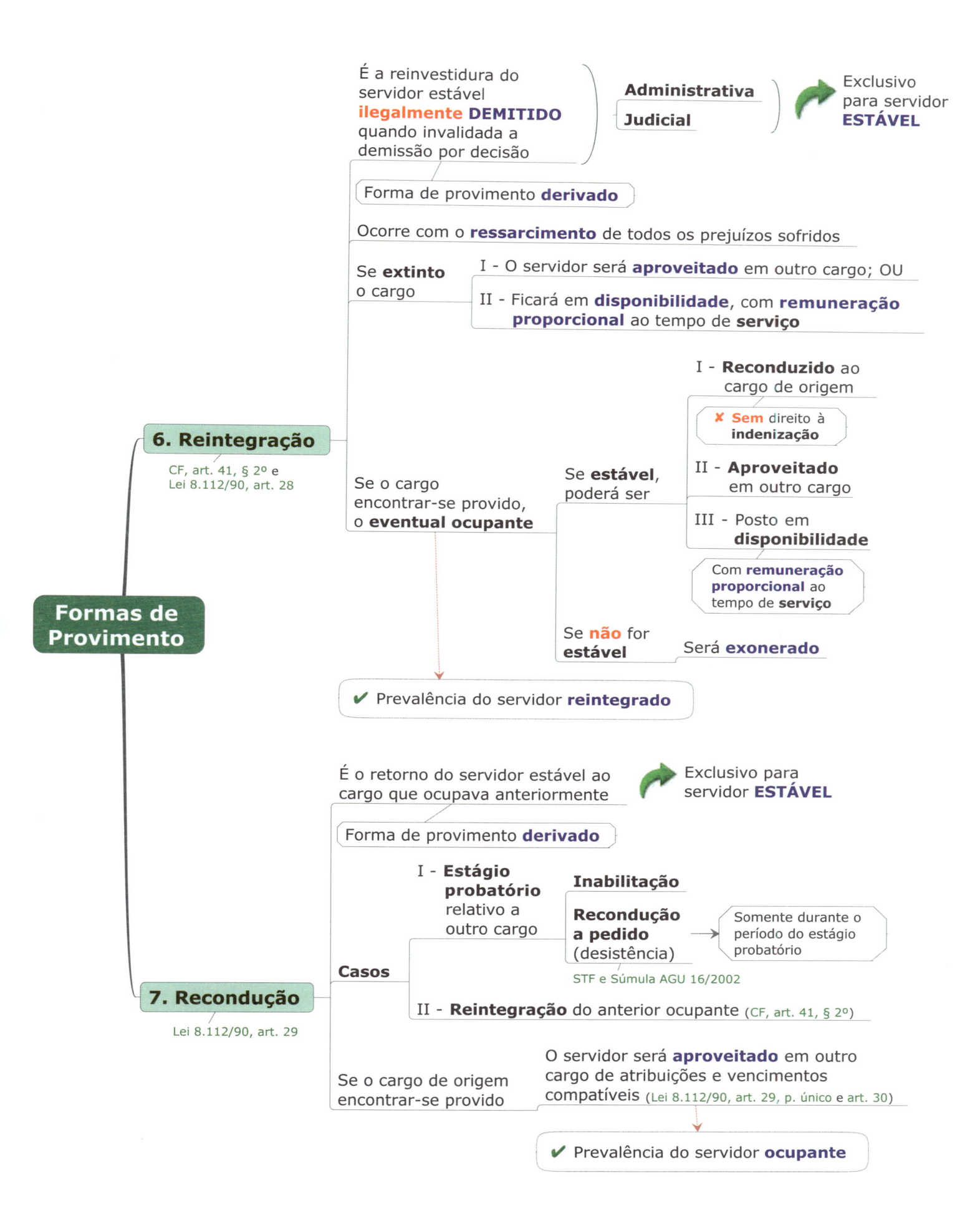

Formas de Provimento

6. Reintegração
CF, art. 41, § 2º e Lei 8.112/90, art. 28

- É a reinvestidura do servidor estável **ilegalmente DEMITIDO** quando invalidada a demissão por decisão
  - Administrativa
  - Judicial
  - → Exclusivo para servidor **ESTÁVEL**
- Forma de provimento **derivado**
- Ocorre com o **ressarcimento** de todos os prejuízos sofridos
- Se **extinto** o cargo
  - I - O servidor será **aproveitado** em outro cargo; OU
  - II - Ficará em **disponibilidade**, com **remuneração proporcional** ao tempo de **serviço**
- Se o cargo encontrar-se provido, o **eventual ocupante**
  - Se **estável**, poderá ser:
    - I - **Reconduzido** ao cargo de origem
      - ✗ **Sem** direito à **indenização**
    - II - **Aproveitado** em outro cargo
    - III - Posto em **disponibilidade**
      - Com **remuneração proporcional** ao tempo de **serviço**
  - Se **não** for estável → Será **exonerado**
- ✔ Prevalência do servidor **reintegrado**

7. Recondução
Lei 8.112/90, art. 29

- É o retorno do servidor estável ao cargo que ocupava anteriormente
  - → Exclusivo para servidor **ESTÁVEL**
- Forma de provimento **derivado**
- **Casos**
  - I - **Estágio probatório** relativo a outro cargo
    - Inabilitação
    - **Recondução a pedido** (desistência) → Somente durante o período do estágio probatório
    - STF e Súmula AGU 16/2002
  - II - **Reintegração** do anterior ocupante (CF, art. 41, § 2º)
- Se o cargo de origem encontrar-se provido
  - O servidor será **aproveitado** em outro cargo de atribuições e vencimentos compatíveis (Lei 8.112/90, art. 29, p. único e art. 30)
- ✔ Prevalência do servidor **ocupante**

VACÂNCIA

É o **ato administrativo** pelo qual o servidor é **destituído** do cargo

Vacância

1. Conceito

Ocorre **rompimento** definitivo do **vínculo jurídico** entre o servidor e a Administração nos seguintes casos:
- I - Exoneração
- II - Demissão
- III - Falecimento

2. Formas — PADRE FP

I - Posse em outro cargo inacumulável

II - Aposentadoria
Passagem do servidor da atividade para a **inatividade**, segundo regras próprias

III - Demissão
É **penalidade disciplinar** decorrente da prática de **ilícito administrativo** (Lei 8.112/90, art. 132)
✔ É forma de **sanção** do servidor

IV - Readaptação
É forma de vacância de cargo público em que há a **desvinculação** do servidor do quadro de pessoal do serviço público
✘ **Não** é forma de **sanção** do servidor

V - Exoneração

Hipóteses previstas na **lei** (Lei 8.112/90, arts. 34 e 35):
- **Cargo efetivo**
  - i. **De ofício**
    - Toma posse e não entra em exercício no prazo legal
    - Inabilitação em estágio probatório (se **não estável**)
  - ii. **A pedido**
- **Cargo em comissão**
  - i. **De ofício** — A juízo da autoridade competente → Exoneração *ad nutum*
  - ii. **A pedido**

Hipóteses citadas na **doutrina**:
- Cargo ocupado por servidor **não estável** quando houver
  - Extinção do cargo
  - Reintegração do anterior ocupante
- Insuficiência de desempenho (CF, art. 41, § 1º, III)
  - Verificada em procedimento de avaliação periódica de desempenho
  - na forma da **lei complementar**
  - assegurada a ampla defesa
- Excesso de despesa com pessoal (CF, art. 169, § 4º)

VI - Falecimento

VII - Promoção

3. Ocorrem ao mesmo tempo vacância e provimento de cargo

- I - Promoção
- II - Readaptação
- III - Posse em outro cargo inacumulável
- IV - Recondução
  - A lei não inclui no rol de vacâncias a recondução decorrente de **inabilitação** ou **desistência** de **estágio probatório** relativo a outro cargo
  - Contudo, nesse caso, há **provimento** de um cargo e, ao mesmo tempo, o outro fica **vago**

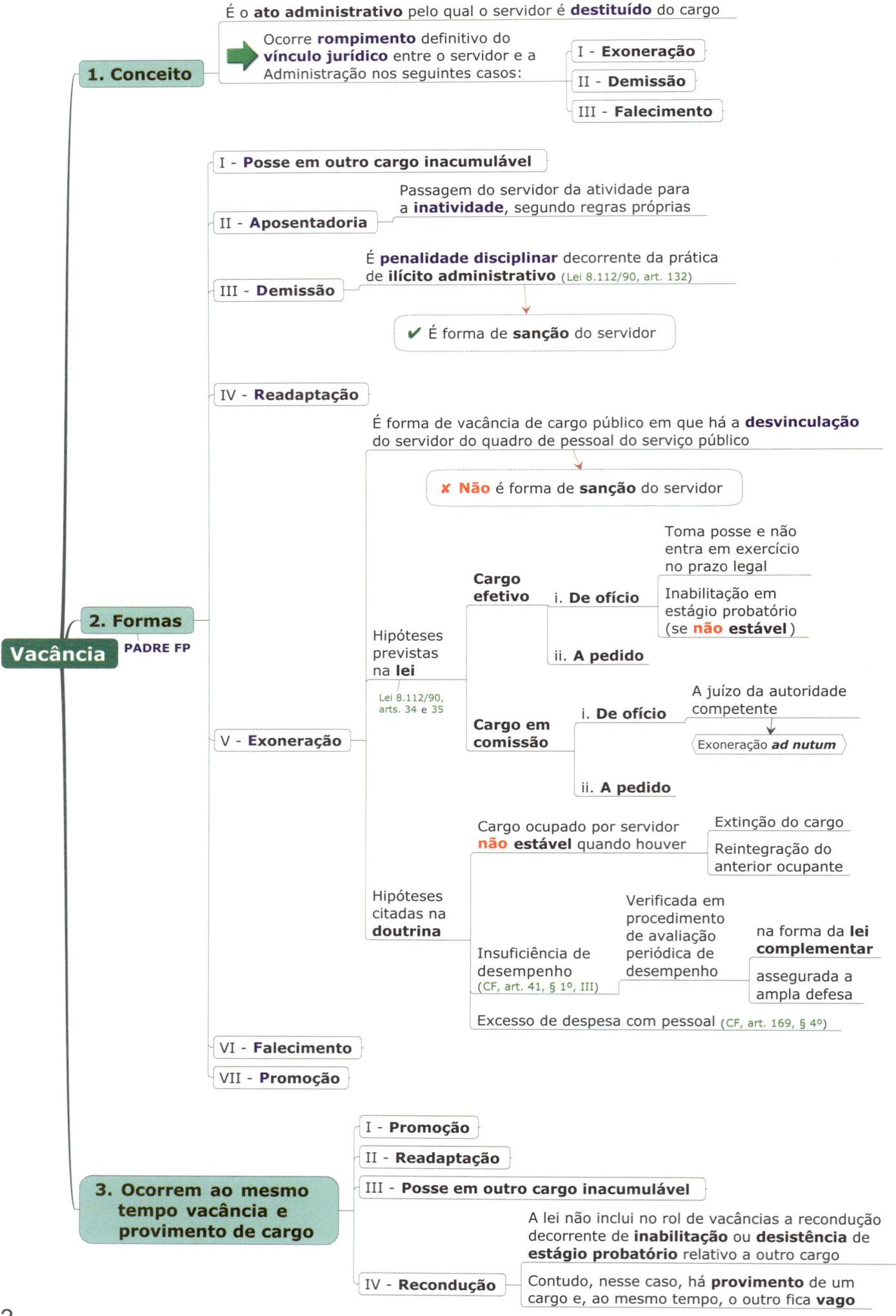

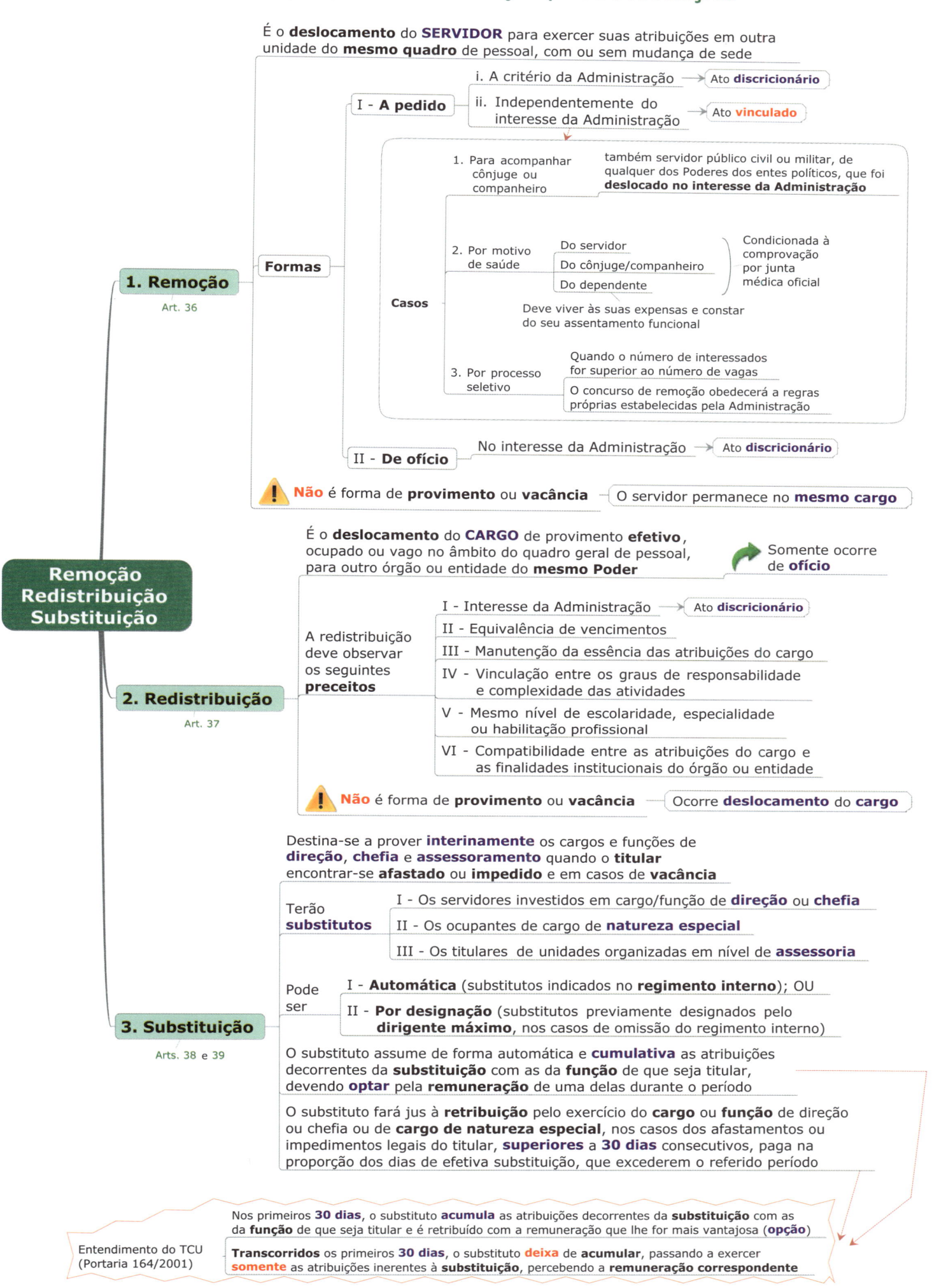

REMOÇÃO, REDISTRIBUIÇÃO, SUBSTITUIÇÃO

Remoção / Redistribuição / Substituição

1. Remoção (Art. 36)

É o **deslocamento** do **SERVIDOR** para exercer suas atribuições em outra unidade do **mesmo quadro** de pessoal, com ou sem mudança de sede

Formas:

I - A pedido
- i. A critério da Administração → Ato **discricionário**
- ii. Independentemente do interesse da Administração → Ato **vinculado**

Casos:
1. Para acompanhar cônjuge ou companheiro — também servidor público civil ou militar, de qualquer dos Poderes dos entes políticos, que foi **deslocado no interesse da Administração**
2. Por motivo de saúde
   - Do servidor
   - Do cônjuge/companheiro
   - Do dependente
   - Condicionada à comprovação por junta médica oficial
   - Deve viver às suas expensas e constar do seu assentamento funcional
3. Por processo seletivo
   - Quando o número de interessados for superior ao número de vagas
   - O concurso de remoção obedecerá a regras próprias estabelecidas pela Administração

II - De ofício — No interesse da Administração → Ato **discricionário**

⚠️ **Não** é forma de **provimento** ou **vacância** — O servidor permanece no **mesmo cargo**

2. Redistribuição (Art. 37)

É o **deslocamento** do **CARGO** de provimento **efetivo**, ocupado ou vago no âmbito do quadro geral de pessoal, para outro órgão ou entidade do **mesmo Poder**

➡️ Somente ocorre de **ofício**

A redistribuição deve observar os seguintes **preceitos**:
- I - Interesse da Administração → Ato **discricionário**
- II - Equivalência de vencimentos
- III - Manutenção da essência das atribuições do cargo
- IV - Vinculação entre os graus de responsabilidade e complexidade das atividades
- V - Mesmo nível de escolaridade, especialidade ou habilitação profissional
- VI - Compatibilidade entre as atribuições do cargo e as finalidades institucionais do órgão ou entidade

⚠️ **Não** é forma de **provimento** ou **vacância** — Ocorre **deslocamento** do **cargo**

3. Substituição (Arts. 38 e 39)

Destina-se a prover **interinamente** os cargos e funções de **direção**, **chefia** e **assessoramento** quando o **titular** encontrar-se **afastado** ou **impedido** e em casos de **vacância**

Terão substitutos:
- I - Os servidores investidos em cargo/função de **direção** ou **chefia**
- II - Os ocupantes de cargo de **natureza especial**
- III - Os titulares de unidades organizadas em nível de **assessoria**

Pode ser:
- I - **Automática** (substitutos indicados no **regimento interno**); OU
- II - **Por designação** (substitutos previamente designados pelo **dirigente máximo**, nos casos de omissão do regimento interno)

O substituto assume de forma automática e **cumulativa** as atribuições decorrentes da **substituição** com as da **função** de que seja titular, devendo **optar** pela **remuneração** de uma delas durante o período

O substituto fará jus à **retribuição** pelo exercício do **cargo** ou **função** de direção ou chefia ou de **cargo de natureza especial**, nos casos dos afastamentos ou impedimentos legais do titular, **superiores** a **30 dias** consecutivos, paga na proporção dos dias de efetiva substituição, que excederem o referido período

Entendimento do TCU (Portaria 164/2001):

Nos primeiros **30 dias**, o substituto **acumula** as atribuições decorrentes da **substituição** com as da **função** de que seja titular e é retribuído com a remuneração que lhe for mais vantajosa (**opção**)

Transcorridos os primeiros **30 dias**, o substituto **deixa** de acumular, passando a exercer **somente** as atribuições inerentes à **substituição**, percebendo a **remuneração correspondente**

Capítulo 4

Direitos e Vantagens

DIREITOS E VANTAGENS - VENCIMENTO E REMUNERAÇÃO

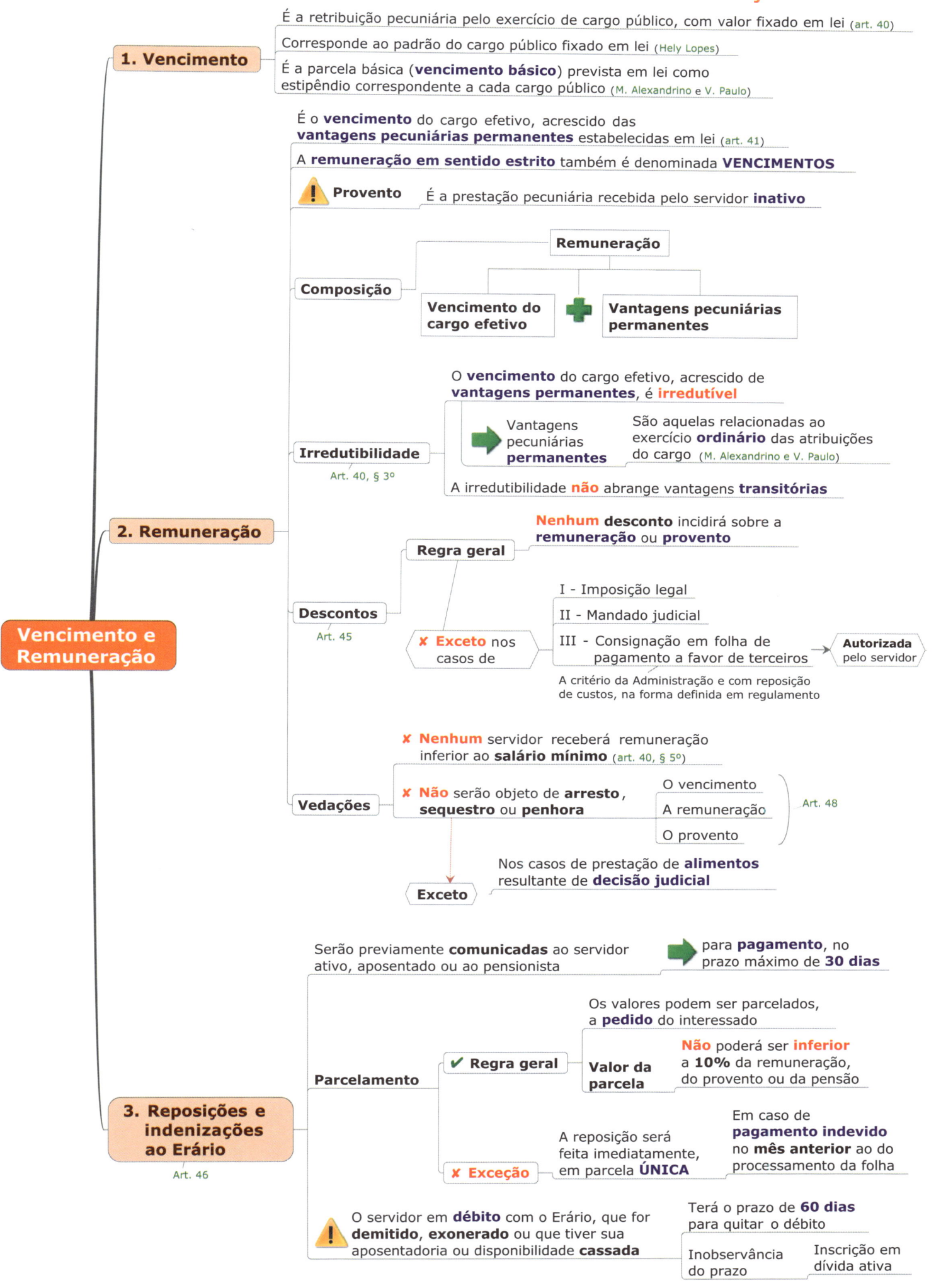

Vencimento e Remuneração

1. Vencimento

- É a retribuição pecuniária pelo exercício de cargo público, com valor fixado em lei (art. 40)
- Corresponde ao padrão do cargo público fixado em lei (Hely Lopes)
- É a parcela básica (**vencimento básico**) prevista em lei como estipêndio correspondente a cada cargo público (M. Alexandrino e V. Paulo)

2. Remuneração

- É o **vencimento** do cargo efetivo, acrescido das **vantagens pecuniárias permanentes** estabelecidas em lei (art. 41)
- A **remuneração em sentido estrito** também é denominada VENCIMENTOS

⚠️ **Provento**: É a prestação pecuniária recebida pelo servidor **inativo**

Composição: Remuneração = Vencimento do cargo efetivo + Vantagens pecuniárias permanentes

Irredutibilidade (Art. 40, § 3º)
- O **vencimento** do cargo efetivo, acrescido de **vantagens permanentes**, é **irredutível**
  - Vantagens pecuniárias **permanentes**: São aquelas relacionadas ao exercício **ordinário** das atribuições do cargo (M. Alexandrino e V. Paulo)
- A irredutibilidade **não** abrange vantagens **transitórias**

Descontos (Art. 45)
- **Regra geral**: **Nenhum** desconto incidirá sobre a **remuneração** ou **provento**
- ✗ **Exceto** nos casos de:
  - I - Imposição legal
  - II - Mandado judicial
  - III - Consignação em folha de pagamento a favor de terceiros → **Autorizada** pelo servidor
    - A critério da Administração e com reposição de custos, na forma definida em regulamento

Vedações
- ✗ **Nenhum** servidor receberá remuneração inferior ao **salário mínimo** (art. 40, § 5º)
- ✗ **Não** serão objeto de **arresto**, **sequestro** ou **penhora** (Art. 48):
  - O vencimento
  - A remuneração
  - O provento
- **Exceto**: Nos casos de prestação de **alimentos** resultante de **decisão judicial**

3. Reposições e indenizações ao Erário (Art. 46)

- Serão previamente **comunicadas** ao servidor ativo, aposentado ou ao pensionista → para **pagamento**, no prazo máximo de **30 dias**

Parcelamento
- ✔ **Regra geral**:
  - Os valores podem ser parcelados, a **pedido** do interessado
  - **Valor da parcela**: **Não** poderá ser **inferior** a **10%** da remuneração, do provento ou da pensão
- ✗ **Exceção**: A reposição será feita imediatamente, em parcela **ÚNICA** — Em caso de **pagamento indevido** no **mês anterior** ao do processamento da folha

⚠️ O servidor em **débito** com o Erário, que for **demitido**, **exonerado** ou que tiver sua aposentadoria ou disponibilidade **cassada**
- Terá o prazo de **60 dias** para quitar o débito
- Inobservância do prazo → Inscrição em dívida ativa

VANTAGENS (NOÇÕES INTRODUTÓRIAS)

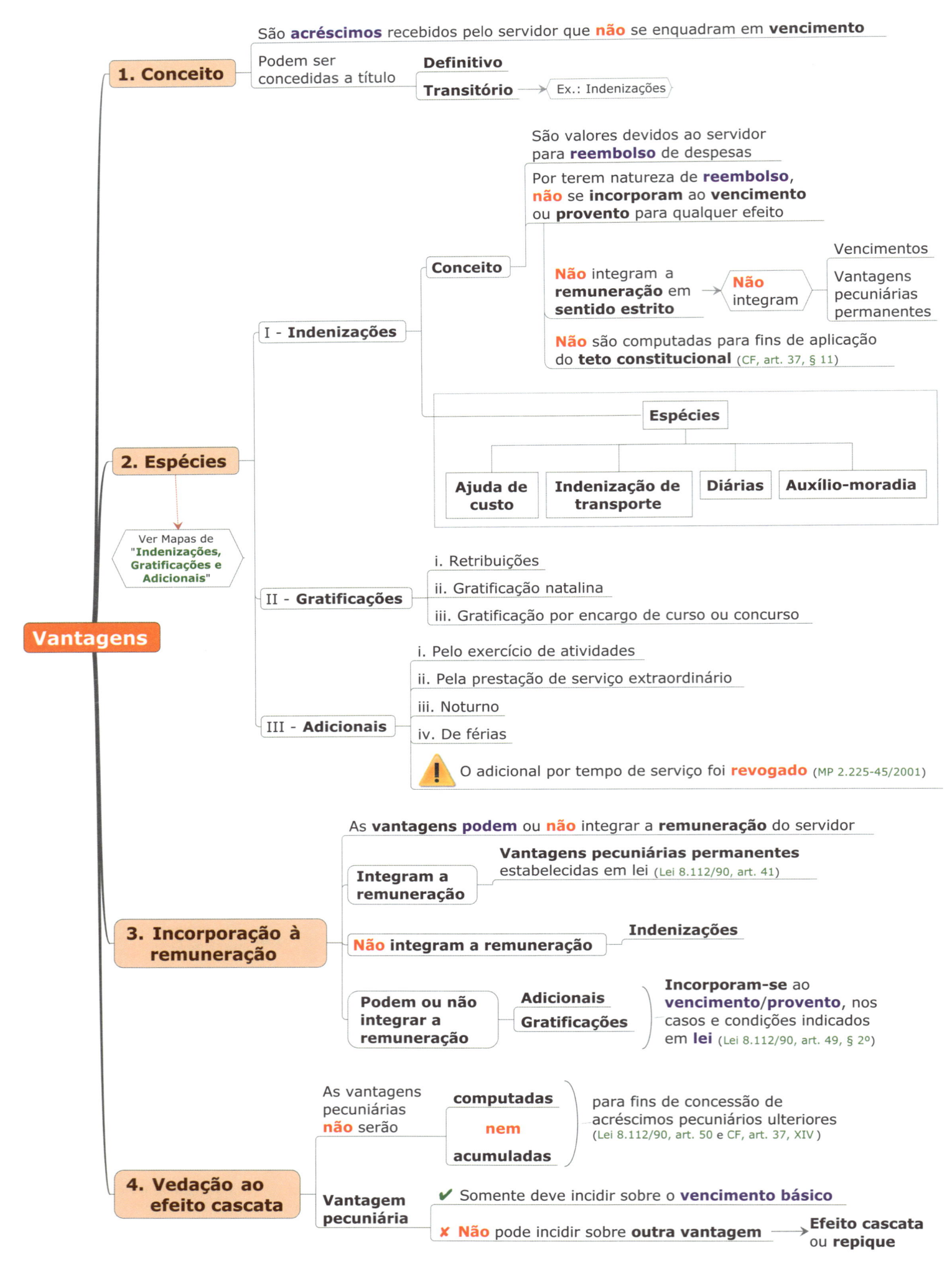

Vantagens

1. Conceito
- São **acréscimos** recebidos pelo servidor que **não** se enquadram em **vencimento**
- Podem ser concedidas a título:
  - **Definitivo**
  - **Transitório** → Ex.: Indenizações

2. Espécies

Ver Mapas de "Indenizações, Gratificações e Adicionais"

I - Indenizações

- **Conceito:**
  - São valores devidos ao servidor para **reembolso** de despesas
  - Por terem natureza de **reembolso**, **não** se **incorporam** ao **vencimento** ou **provento** para qualquer efeito
  - **Não** integram a **remuneração** em **sentido estrito** → **Não** integram:
    - Vencimentos
    - Vantagens pecuniárias permanentes
  - **Não** são computadas para fins de aplicação do **teto constitucional** (CF, art. 37, § 11)

- **Espécies:**
  - Ajuda de custo
  - Indenização de transporte
  - Diárias
  - Auxílio-moradia

II - Gratificações
  - i. Retribuições
  - ii. Gratificação natalina
  - iii. Gratificação por encargo de curso ou concurso

III - Adicionais
  - i. Pelo exercício de atividades
  - ii. Pela prestação de serviço extraordinário
  - iii. Noturno
  - iv. De férias
  - ⚠ O adicional por tempo de serviço foi **revogado** (MP 2.225-45/2001)

3. Incorporação à remuneração

As **vantagens podem** ou **não** integrar a **remuneração** do servidor

- **Integram a remuneração**: **Vantagens pecuniárias permanentes** estabelecidas em lei (Lei 8.112/90, art. 41)
- **Não integram a remuneração**: Indenizações
- **Podem ou não integrar a remuneração**: Adicionais / Gratificações — **Incorporam-se** ao **vencimento/provento**, nos casos e condições indicados em **lei** (Lei 8.112/90, art. 49, § 2º)

4. Vedação ao efeito cascata

- As vantagens pecuniárias **não** serão **computadas** nem **acumuladas** para fins de concessão de acréscimos pecuniários ulteriores (Lei 8.112/90, art. 50 e CF, art. 37, XIV)
- Vantagem pecuniária:
  - ✔ Somente deve incidir sobre o **vencimento básico**
  - ✘ **Não** pode incidir sobre **outra vantagem** → **Efeito cascata** ou **repique**

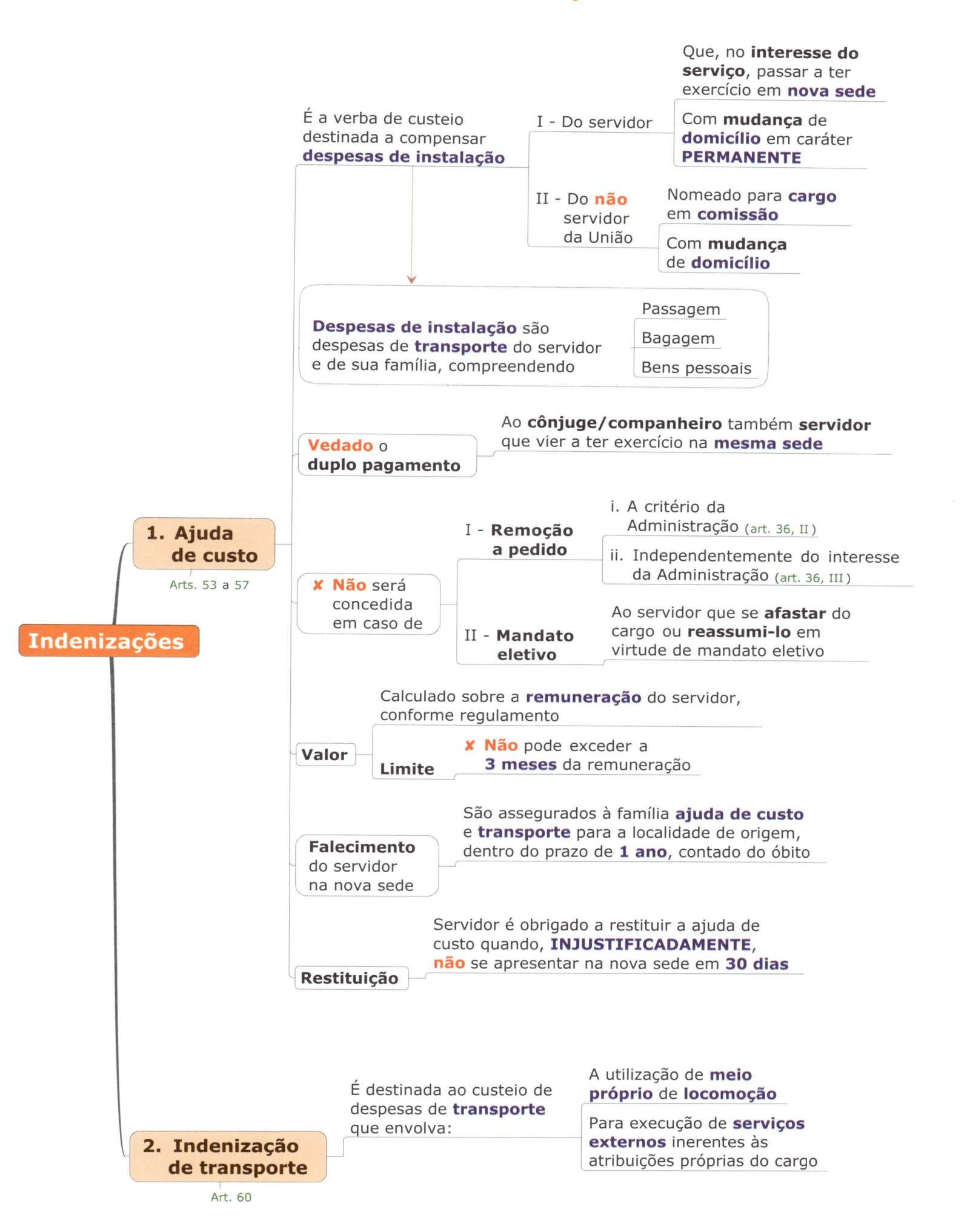

VANTAGENS - INDENIZAÇÕES I

Indenizações

1. Ajuda de custo
Arts. 53 a 57

É a verba de custeio destinada a compensar **despesas de instalação**

- **I - Do servidor**
  - Que, no **interesse do serviço**, passar a ter exercício em **nova sede**
  - Com **mudança** de **domicílio** em caráter **PERMANENTE**
- **II - Do não servidor da União**
  - Nomeado para **cargo em comissão**
  - Com **mudança** de **domicílio**

Despesas de instalação são despesas de **transporte** do servidor e de sua família, compreendendo:
- Passagem
- Bagagem
- Bens pessoais

Vedado o duplo pagamento: Ao **cônjuge/companheiro** também **servidor** que vier a ter exercício na **mesma sede**

✗ Não será concedida em caso de:
- **I - Remoção a pedido**
  - i. A critério da Administração (art. 36, II)
  - ii. Independentemente do interesse da Administração (art. 36, III)
- **II - Mandato eletivo**: Ao servidor que se **afastar** do cargo ou **reassumi-lo** em virtude de mandato eletivo

Valor: Calculado sobre a **remuneração** do servidor, conforme regulamento
- **Limite**: ✗ **Não** pode exceder a **3 meses** da remuneração

Falecimento do servidor na nova sede: São assegurados à família **ajuda de custo** e **transporte** para a localidade de origem, dentro do prazo de **1 ano**, contado do óbito

Restituição: Servidor é obrigado a restituir a ajuda de custo quando, **INJUSTIFICADAMENTE**, **não** se apresentar na nova sede em **30 dias**

2. Indenização de transporte
Art. 60

É destinada ao custeio de despesas de **transporte** que envolva:
- A utilização de **meio próprio** de **locomoção**
- Para execução de **serviços externos** inerentes às atribuições próprias do cargo

VANTAGENS - INDENIZAÇÕES II

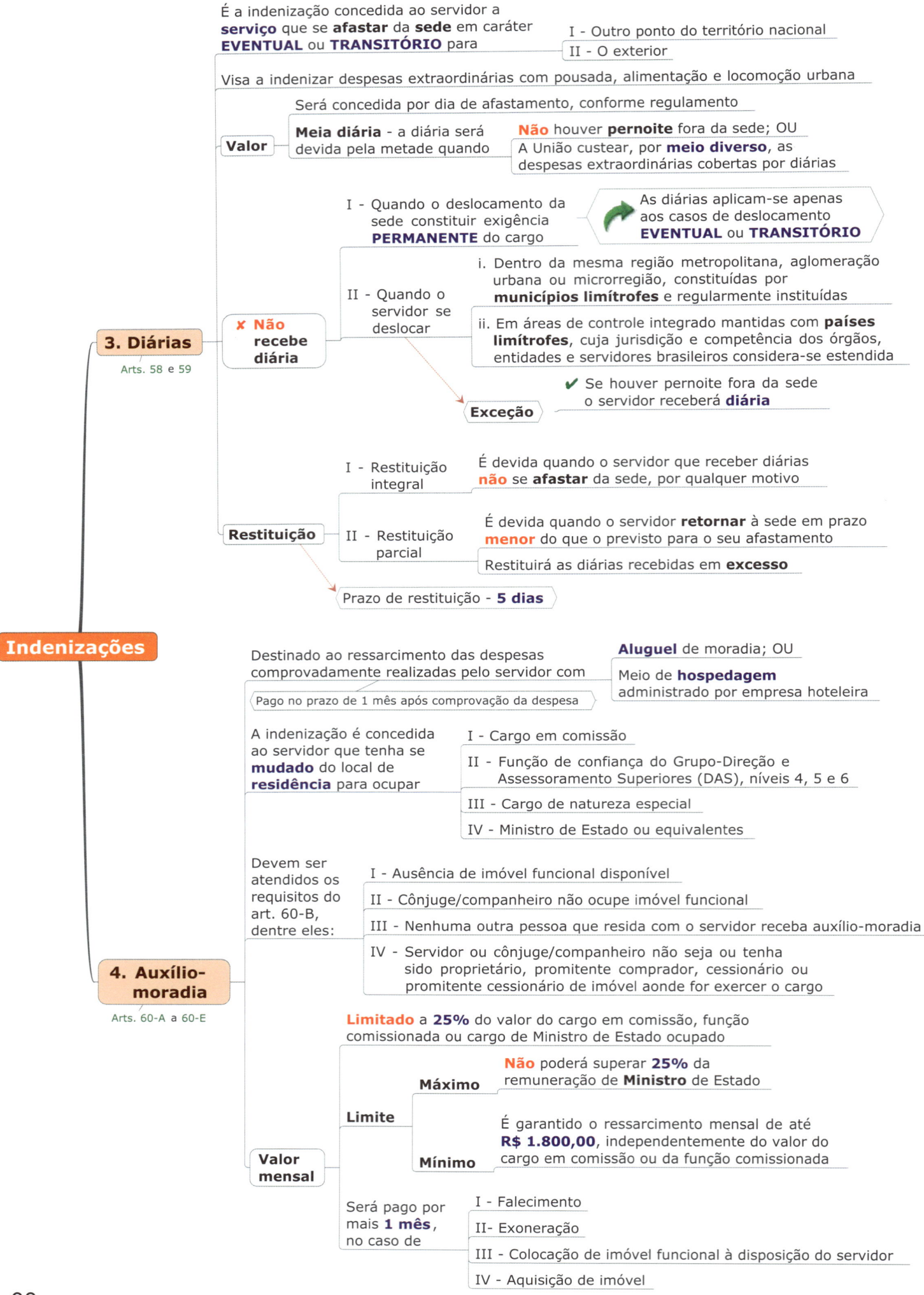

Indenizações

3. Diárias
Arts. 58 e 59

É a indenização concedida ao servidor a serviço que se **afastar** da **sede** em caráter **EVENTUAL** ou **TRANSITÓRIO** para:
- I - Outro ponto do território nacional
- II - O exterior

Visa a indenizar despesas extraordinárias com pousada, alimentação e locomoção urbana

Valor
- Será concedida por dia de afastamento, conforme regulamento
- **Meia diária** - a diária será devida pela metade quando:
  - **Não** houver **pernoite** fora da sede; OU
  - A União custear, por **meio diverso**, as despesas extraordinárias cobertas por diárias

✗ Não recebe diária
- I - Quando o deslocamento da sede constituir exigência **PERMANENTE** do cargo
  - ↪ As diárias aplicam-se apenas aos casos de deslocamento **EVENTUAL** ou **TRANSITÓRIO**
- II - Quando o servidor se deslocar:
  - i. Dentro da mesma região metropolitana, aglomeração urbana ou microrregião, constituídas por **municípios limítrofes** e regularmente instituídas
  - ii. Em áreas de controle integrado mantidas com **países limítrofes**, cuja jurisdição e competência dos órgãos, entidades e servidores brasileiros considera-se estendida

Exceção: ✔ Se houver pernoite fora da sede o servidor receberá **diária**

Restituição
- I - Restituição integral: É devida quando o servidor que receber diárias **não** se **afastar** da sede, por qualquer motivo
- II - Restituição parcial: É devida quando o servidor **retornar** à sede em prazo **menor** do que o previsto para o seu afastamento. Restituirá as diárias recebidas em **excesso**
- Prazo de restituição - **5 dias**

4. Auxílio-moradia
Arts. 60-A a 60-E

Destinado ao ressarcimento das despesas comprovadamente realizadas pelo servidor com:
- **Aluguel** de moradia; OU
- Meio de **hospedagem** administrado por empresa hoteleira

(Pago no prazo de 1 mês após comprovação da despesa)

A indenização é concedida ao servidor que tenha se **mudado** do local de **residência** para ocupar:
- I - Cargo em comissão
- II - Função de confiança do Grupo-Direção e Assessoramento Superiores (DAS), níveis 4, 5 e 6
- III - Cargo de natureza especial
- IV - Ministro de Estado ou equivalentes

Devem ser atendidos os requisitos do art. 60-B, dentre eles:
- I - Ausência de imóvel funcional disponível
- II - Cônjuge/companheiro não ocupe imóvel funcional
- III - Nenhuma outra pessoa que resida com o servidor receba auxílio-moradia
- IV - Servidor ou cônjuge/companheiro não seja ou tenha sido proprietário, promitente comprador, cessionário ou promitente cessionário de imóvel aonde for exercer o cargo

Limitado a **25%** do valor do cargo em comissão, função comissionada ou cargo de Ministro de Estado ocupado

Valor mensal
- **Limite**
  - **Máximo**: **Não** poderá superar **25%** da remuneração de **Ministro** de Estado
  - **Mínimo**: É garantido o ressarcimento mensal de até **R$ 1.800,00**, independentemente do valor do cargo em comissão ou da função comissionada
- Será pago por mais **1 mês**, no caso de:
  - I - Falecimento
  - II - Exoneração
  - III - Colocação de imóvel funcional à disposição do servidor
  - IV - Aquisição de imóvel

VANTAGENS - GRATIFICAÇÕES

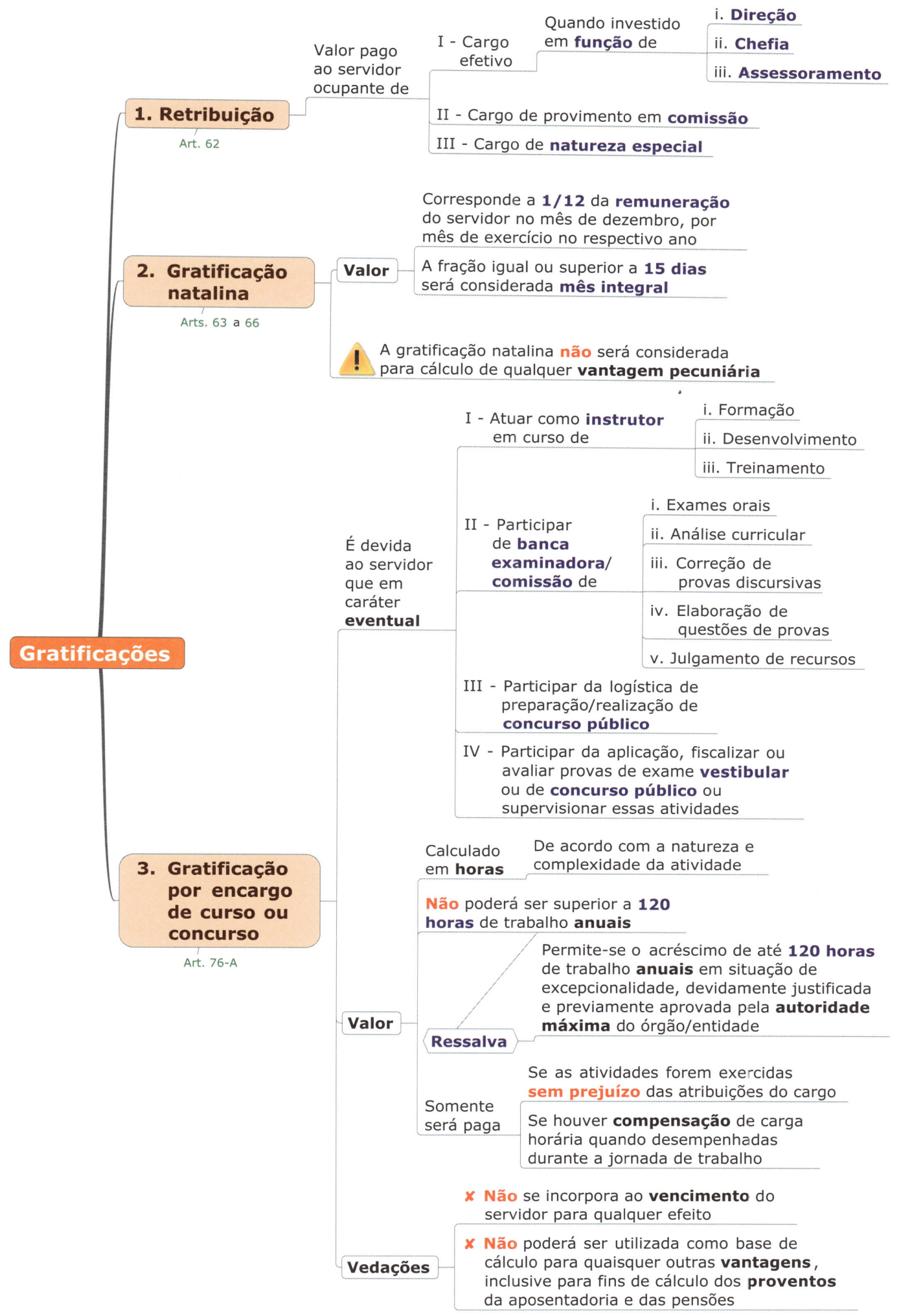

Gratificações

1. Retribuição
Art. 62

Valor pago ao servidor ocupante de:
- **I - Cargo efetivo** — Quando investido em **função** de:
  - i. **Direção**
  - ii. **Chefia**
  - iii. **Assessoramento**
- **II - Cargo de provimento em comissão**
- **III - Cargo de natureza especial**

2. Gratificação natalina
Arts. 63 a 66

Valor
- Corresponde a **1/12** da **remuneração** do servidor no mês de dezembro, por mês de exercício no respectivo ano
- A fração igual ou superior a **15 dias** será considerada **mês integral**

⚠️ A gratificação natalina **não** será considerada para cálculo de qualquer **vantagem pecuniária**

3. Gratificação por encargo de curso ou concurso
Art. 76-A

É devida ao servidor que em caráter **eventual**:

- **I - Atuar como instrutor** em curso de:
  - i. Formação
  - ii. Desenvolvimento
  - iii. Treinamento
- **II - Participar de banca examinadora/comissão de**:
  - i. Exames orais
  - ii. Análise curricular
  - iii. Correção de provas discursivas
  - iv. Elaboração de questões de provas
  - v. Julgamento de recursos
- **III - Participar da logística de preparação/realização de concurso público**
- **IV - Participar da aplicação, fiscalizar ou avaliar provas de exame vestibular ou de concurso público ou supervisionar essas atividades**

Valor
- Calculado em **horas** — De acordo com a natureza e complexidade da atividade
- **Não** poderá ser superior a **120 horas** de trabalho **anuais**
  - **Ressalva**: Permite-se o acréscimo de até **120 horas** de trabalho **anuais** em situação de excepcionalidade, devidamente justificada e previamente aprovada pela **autoridade máxima** do órgão/entidade
- Somente será paga:
  - Se as atividades forem exercidas **sem prejuízo** das atribuições do cargo
  - Se houver **compensação** de carga horária quando desempenhadas durante a jornada de trabalho

Vedações
- ✗ **Não** se incorpora ao **vencimento** do servidor para qualquer efeito
- ✗ **Não** poderá ser utilizada como base de cálculo para quaisquer outras **vantagens**, inclusive para fins de cálculo dos **proventos** da aposentadoria e das pensões

VANTAGENS - ADICIONAIS

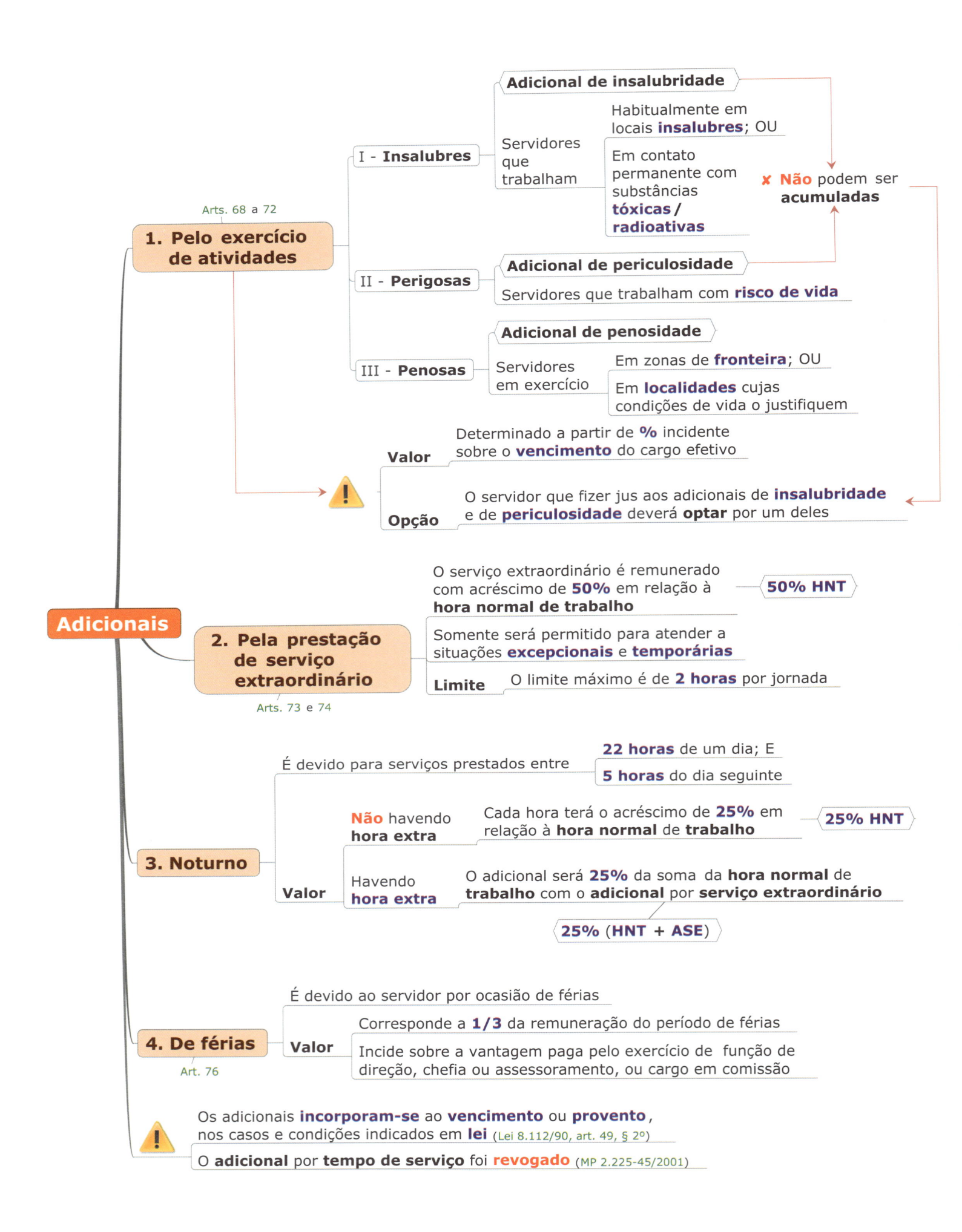

Adicionais

1. Pelo exercício de atividades (Arts. 68 a 72)

- **I - Insalubres** — **Adicional de insalubridade**
  - Servidores que trabalham:
    - Habitualmente em locais **insalubres**; OU
    - Em contato permanente com substâncias **tóxicas** / **radioativas**

- **II - Perigosas** — **Adicional de periculosidade**
  - Servidores que trabalham com **risco de vida**

- **III - Penosas** — **Adicional de penosidade**
  - Servidores em exercício:
    - Em zonas de **fronteira**; OU
    - Em **localidades** cujas condições de vida o justifiquem

✗ **Não** podem ser **acumuladas**

⚠️
- **Valor**: Determinado a partir de **%** incidente sobre o **vencimento** do cargo efetivo
- **Opção**: O servidor que fizer jus aos adicionais de **insalubridade** e de **periculosidade** deverá **optar** por um deles

2. Pela prestação de serviço extraordinário (Arts. 73 e 74)

- O serviço extraordinário é remunerado com acréscimo de **50%** em relação à **hora normal de trabalho** — **50% HNT**
- Somente será permitido para atender a situações **excepcionais** e **temporárias**
- **Limite**: O limite máximo é de **2 horas** por jornada

3. Noturno

- É devido para serviços prestados entre **22 horas** de um dia; E **5 horas** do dia seguinte
- **Valor**:
  - **Não** havendo **hora extra**: Cada hora terá o acréscimo de **25%** em relação à **hora normal** de **trabalho** — **25% HNT**
  - Havendo **hora extra**: O adicional será **25%** da soma da **hora normal** de **trabalho** com o **adicional** por **serviço extraordinário** — **25% (HNT + ASE)**

4. De férias (Art. 76)

- É devido ao servidor por ocasião de férias
- **Valor**:
  - Corresponde a **1/3** da remuneração do período de férias
  - Incide sobre a vantagem paga pelo exercício de função de direção, chefia ou assessoramento, ou cargo em comissão

⚠️
- Os adicionais **incorporam-se** ao **vencimento** ou **provento**, nos casos e condições indicados em **lei** (Lei 8.112/90, art. 49, § 2º)
- O **adicional** por **tempo de serviço** foi **revogado** (MP 2.225-45/2001)

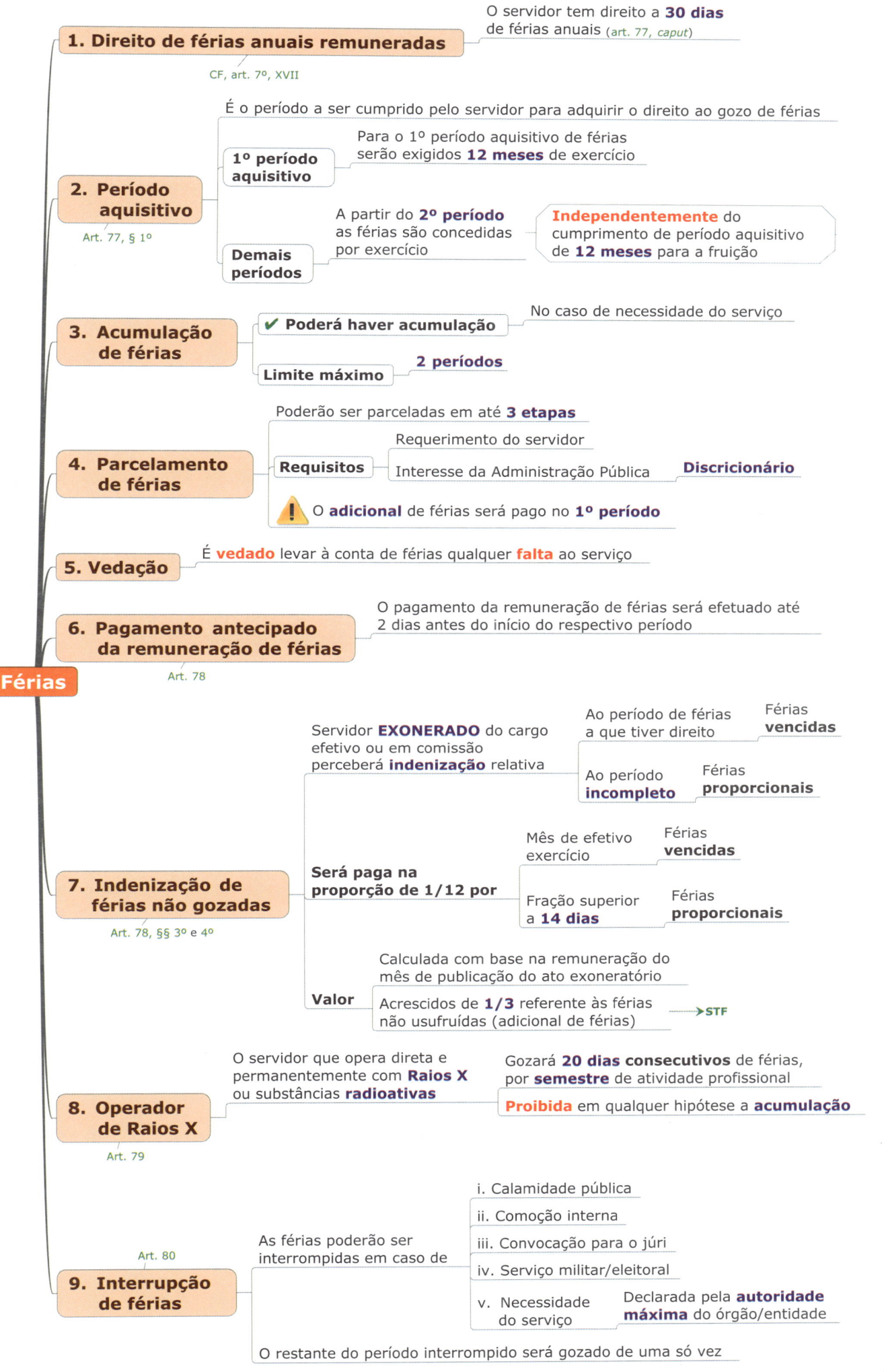

DIREITOS E VANTAGENS - FÉRIAS

Férias

1. Direito de férias anuais remuneradas (CF, art. 7º, XVII)
- O servidor tem direito a **30 dias** de férias anuais (art. 77, *caput*)

2. Período aquisitivo (Art. 77, § 1º)
- É o período a ser cumprido pelo servidor para adquirir o direito ao gozo de férias
- **1º período aquisitivo**: Para o 1º período aquisitivo de férias serão exigidos **12 meses** de exercício
- **Demais períodos**: A partir do **2º período** as férias são concedidas por exercício — **Independentemente** do cumprimento de período aquisitivo de **12 meses** para a fruição

3. Acumulação de férias
- ✔ Poderá haver acumulação — No caso de necessidade do serviço
- Limite máximo — **2 períodos**

4. Parcelamento de férias
- Poderão ser parceladas em até **3 etapas**
- Requisitos:
  - Requerimento do servidor
  - Interesse da Administração Pública — **Discricionário**
- ⚠ O **adicional** de férias será pago no **1º período**

5. Vedação
- É **vedado** levar à conta de férias qualquer **falta** ao serviço

6. Pagamento antecipado da remuneração de férias (Art. 78)
- O pagamento da remuneração de férias será efetuado até 2 dias antes do início do respectivo período

7. Indenização de férias não gozadas (Art. 78, §§ 3º e 4º)
- Servidor **EXONERADO** do cargo efetivo ou em comissão perceberá **indenização** relativa:
  - Ao período de férias a que tiver direito — Férias **vencidas**
  - Ao período **incompleto** — Férias **proporcionais**
- Será paga na proporção de 1/12 por:
  - Mês de efetivo exercício — Férias **vencidas**
  - Fração superior a **14 dias** — Férias **proporcionais**
- Valor:
  - Calculada com base na remuneração do mês de publicação do ato exoneratório
  - Acrescidos de **1/3** referente às férias não usufruídas (adicional de férias) → STF

8. Operador de Raios X (Art. 79)
- O servidor que opera direta e permanentemente com **Raios X** ou substâncias **radioativas**
  - Gozará **20 dias consecutivos** de férias, por **semestre** de atividade profissional
  - **Proibida** em qualquer hipótese a **acumulação**

9. Interrupção de férias (Art. 80)
- As férias poderão ser interrompidas em caso de:
  - i. Calamidade pública
  - ii. Comoção interna
  - iii. Convocação para o júri
  - iv. Serviço militar/eleitoral
  - v. Necessidade do serviço — Declarada pela **autoridade máxima** do órgão/entidade
- O restante do período interrompido será gozado de uma só vez

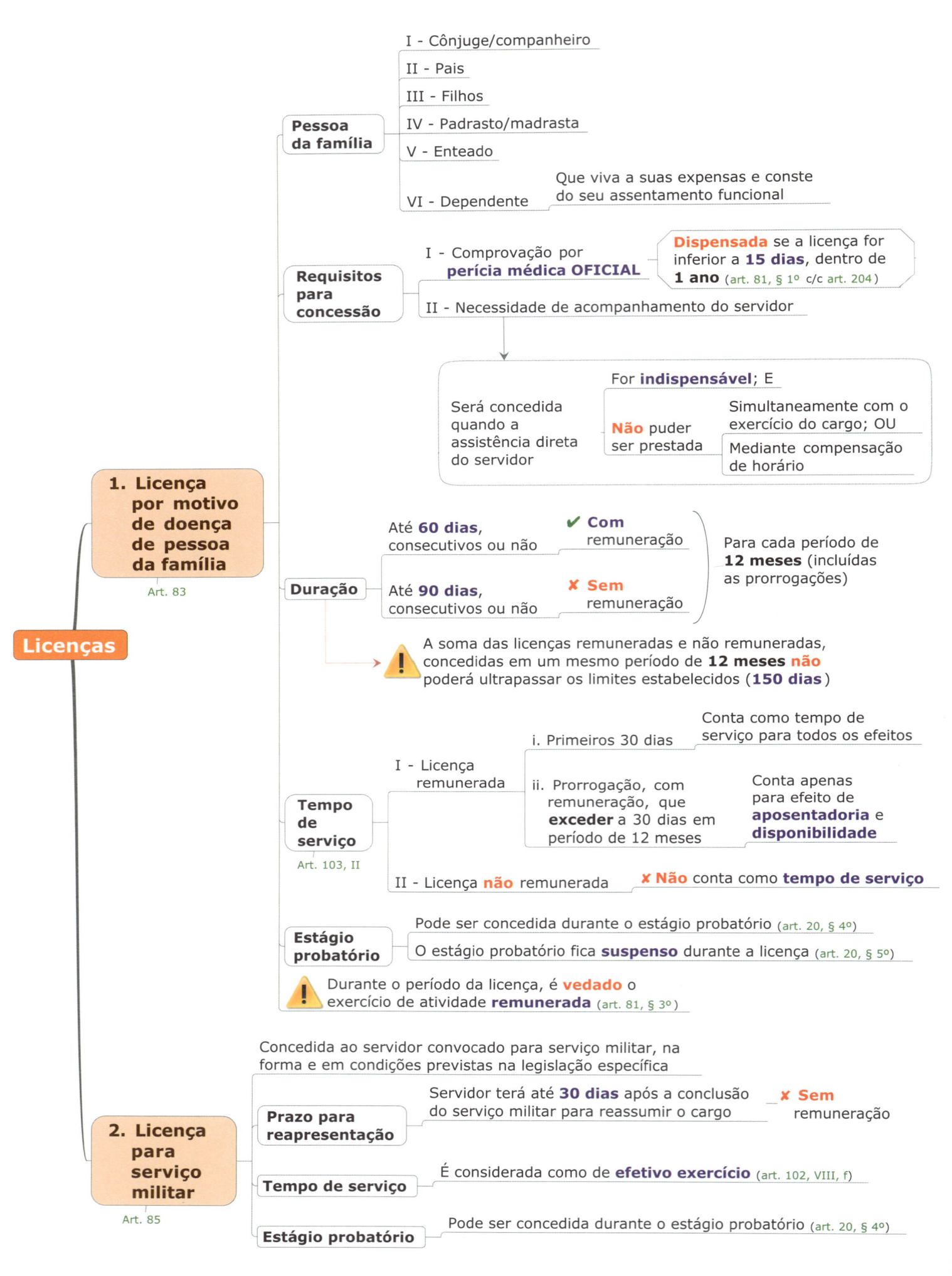

DIREITOS E VANTAGENS - LICENÇAS I

Licenças

1. Licença por motivo de doença de pessoa da família (Art. 83)

- **Pessoa da família**
  - I - Cônjuge/companheiro
  - II - Pais
  - III - Filhos
  - IV - Padrasto/madrasta
  - V - Enteado
  - VI - Dependente — Que viva a suas expensas e conste do seu assentamento funcional

- **Requisitos para concessão**
  - I - Comprovação por **perícia médica OFICIAL** — **Dispensada** se a licença for inferior a **15 dias**, dentro de **1 ano** (art. 81, § 1º c/c art. 204)
  - II - Necessidade de acompanhamento do servidor
    - Será concedida quando a assistência direta do servidor:
      - For **indispensável**; E
      - **Não** puder ser prestada:
        - Simultaneamente com o exercício do cargo; OU
        - Mediante compensação de horário

- **Duração**
  - Até **60 dias**, consecutivos ou não — ✔ **Com** remuneração
  - Até **90 dias**, consecutivos ou não — ✘ **Sem** remuneração
  - Para cada período de **12 meses** (incluídas as prorrogações)
  - ⚠ A soma das licenças remuneradas e não remuneradas, concedidas em um mesmo período de **12 meses não** poderá ultrapassar os limites estabelecidos (**150 dias**)

- **Tempo de serviço** (Art. 103, II)
  - I - Licença remunerada
    - i. Primeiros 30 dias — Conta como tempo de serviço para todos os efeitos
    - ii. Prorrogação, com remuneração, que **exceder** a 30 dias em período de 12 meses — Conta apenas para efeito de **aposentadoria** e **disponibilidade**
  - II - Licença **não** remunerada — ✘ **Não** conta como **tempo de serviço**

- **Estágio probatório**
  - Pode ser concedida durante o estágio probatório (art. 20, § 4º)
  - O estágio probatório fica **suspenso** durante a licença (art. 20, § 5º)

- ⚠ Durante o período da licença, é **vedado** o exercício de atividade **remunerada** (art. 81, § 3º)

2. Licença para serviço militar (Art. 85)

Concedida ao servidor convocado para serviço militar, na forma e em condições previstas na legislação específica

- **Prazo para reapresentação** — Servidor terá até **30 dias** após a conclusão do serviço militar para reassumir o cargo — ✘ **Sem** remuneração
- **Tempo de serviço** — É considerada como de **efetivo exercício** (art. 102, VIII, f)
- **Estágio probatório** — Pode ser concedida durante o estágio probatório (art. 20, § 4º)

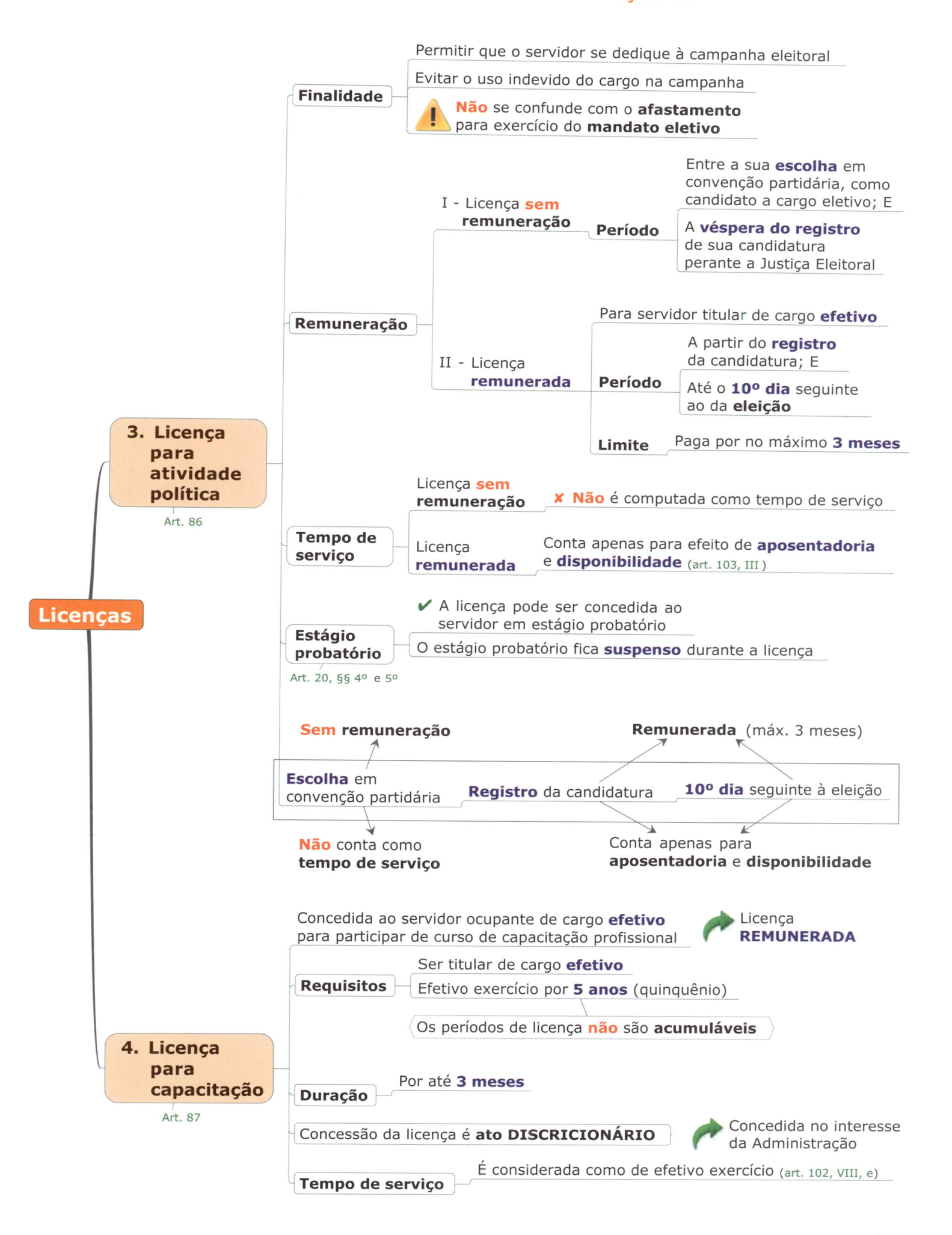

DIREITOS E VANTAGENS - LICENÇAS II

Licenças

3. Licença para atividade política
Art. 86

- **Finalidade**
  - Permitir que o servidor se dedique à campanha eleitoral
  - Evitar o uso indevido do cargo na campanha
  - ⚠️ **Não** se confunde com o **afastamento** para exercício do **mandato eletivo**

- **Remuneração**
  - **I - Licença sem remuneração**
    - **Período**
      - Entre a sua **escolha** em convenção partidária, como candidato a cargo eletivo; E
      - A **véspera do registro** de sua candidatura perante a Justiça Eleitoral
  - **II - Licença remunerada**
    - Para servidor titular de cargo **efetivo**
    - **Período**
      - A partir do **registro** da candidatura; E
      - Até o **10º dia** seguinte ao da **eleição**
    - **Limite**: Paga por no máximo **3 meses**

- **Tempo de serviço**
  - Licença **sem remuneração** ✗ **Não** é computada como tempo de serviço
  - Licença **remunerada**: Conta apenas para efeito de **aposentadoria** e **disponibilidade** (art. 103, III)

- **Estágio probatório** *(Art. 20, §§ 4º e 5º)*
  - ✔ A licença pode ser concedida ao servidor em estágio probatório
  - O estágio probatório fica **suspenso** durante a licença

Sem remuneração ← **Escolha** em convenção partidária → **Registro** da candidatura → **Remunerada** (máx. 3 meses) → **10º dia** seguinte à eleição

Não conta como **tempo de serviço** | Conta apenas para **aposentadoria** e **disponibilidade**

---

4. Licença para capacitação
Art. 87

Concedida ao servidor ocupante de cargo **efetivo** para participar de curso de capacitação profissional → Licença **REMUNERADA**

- **Requisitos**
  - Ser titular de cargo **efetivo**
  - Efetivo exercício por **5 anos** (quinquênio)
  - Os períodos de licença **não** são **acumuláveis**

- **Duração**: Por até **3 meses**

- Concessão da licença é **ato DISCRICIONÁRIO** → Concedida no interesse da Administração

- **Tempo de serviço**: É considerada como de efetivo exercício (art. 102, VIII, e)

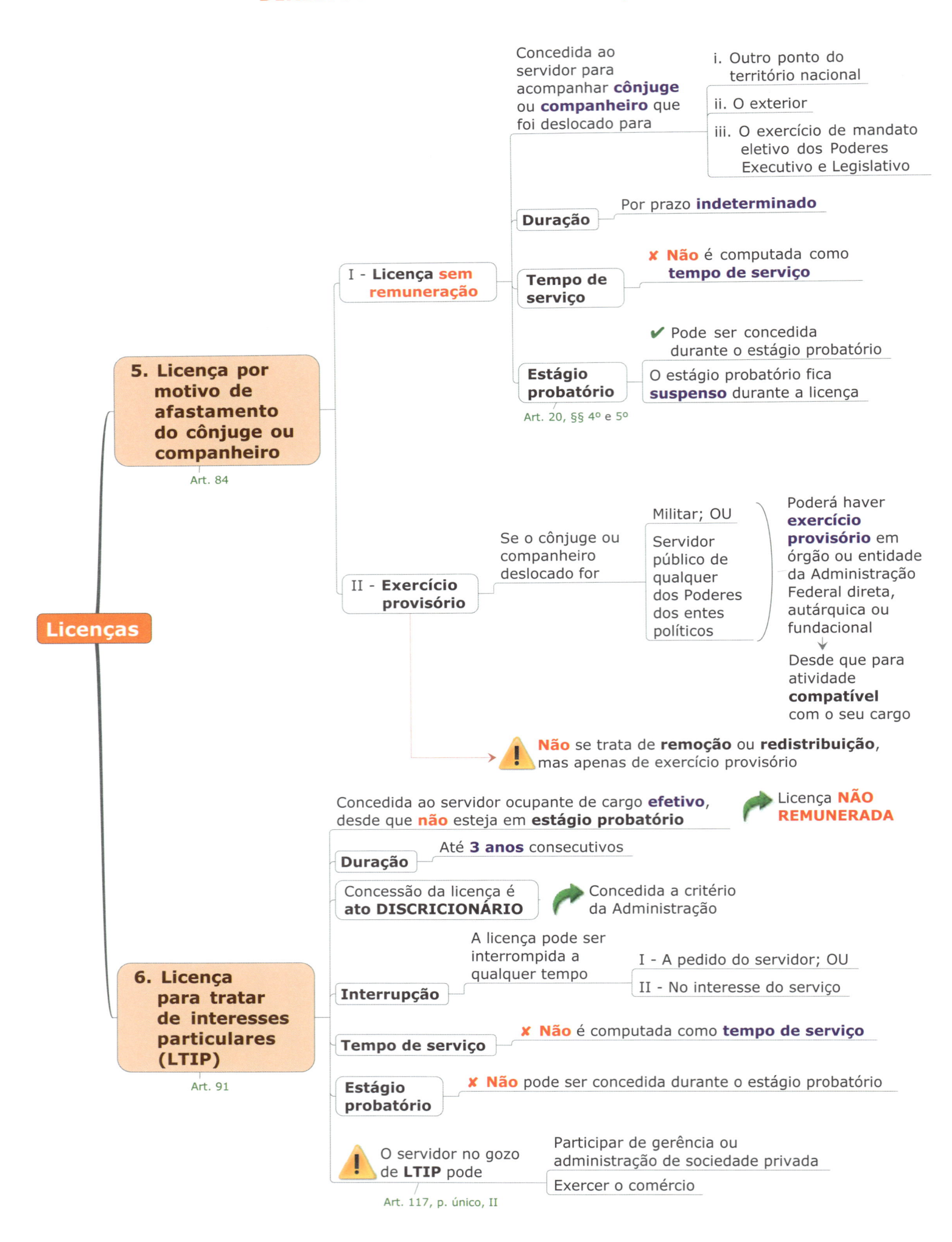

DIREITOS E VANTAGENS - LICENÇAS III

Licenças

5. Licença por motivo de afastamento do cônjuge ou companheiro
Art. 84

- **I - Licença sem remuneração**
  - Concedida ao servidor para acompanhar **cônjuge** ou **companheiro** que foi deslocado para:
    - i. Outro ponto do território nacional
    - ii. O exterior
    - iii. O exercício de mandato eletivo dos Poderes Executivo e Legislativo
  - **Duração**: Por prazo **indeterminado**
  - **Tempo de serviço**: ✗ **Não** é computada como **tempo de serviço**
  - **Estágio probatório**:
    - ✔ Pode ser concedida durante o estágio probatório
    - O estágio probatório fica **suspenso** durante a licença
  - Art. 20, §§ 4º e 5º

- **II - Exercício provisório**
  - Se o cônjuge ou companheiro deslocado for:
    - Militar; OU
    - Servidor público de qualquer dos Poderes dos entes políticos
  - Poderá haver **exercício provisório** em órgão ou entidade da Administração Federal direta, autárquica ou fundacional
    - ↓
    - Desde que para atividade **compatível** com o seu cargo
  - ⚠ **Não** se trata de **remoção** ou **redistribuição**, mas apenas de exercício provisório

6. Licença para tratar de interesses particulares (LTIP)
Art. 91

- Concedida ao servidor ocupante de cargo **efetivo**, desde que **não** esteja em **estágio probatório**
- ➤ Licença **NÃO REMUNERADA**
- **Duração**: Até **3 anos** consecutivos
- **Concessão da licença é ato DISCRICIONÁRIO** ➤ Concedida a critério da Administração
- **Interrupção**: A licença pode ser interrompida a qualquer tempo
  - I - A pedido do servidor; OU
  - II - No interesse do serviço
- **Tempo de serviço**: ✗ **Não** é computada como **tempo de serviço**
- **Estágio probatório**: ✗ **Não** pode ser concedida durante o estágio probatório
- ⚠ O servidor no gozo de **LTIP** pode:
  - Participar de gerência ou administração de sociedade privada
  - Exercer o comércio
- Art. 117, p. único, II

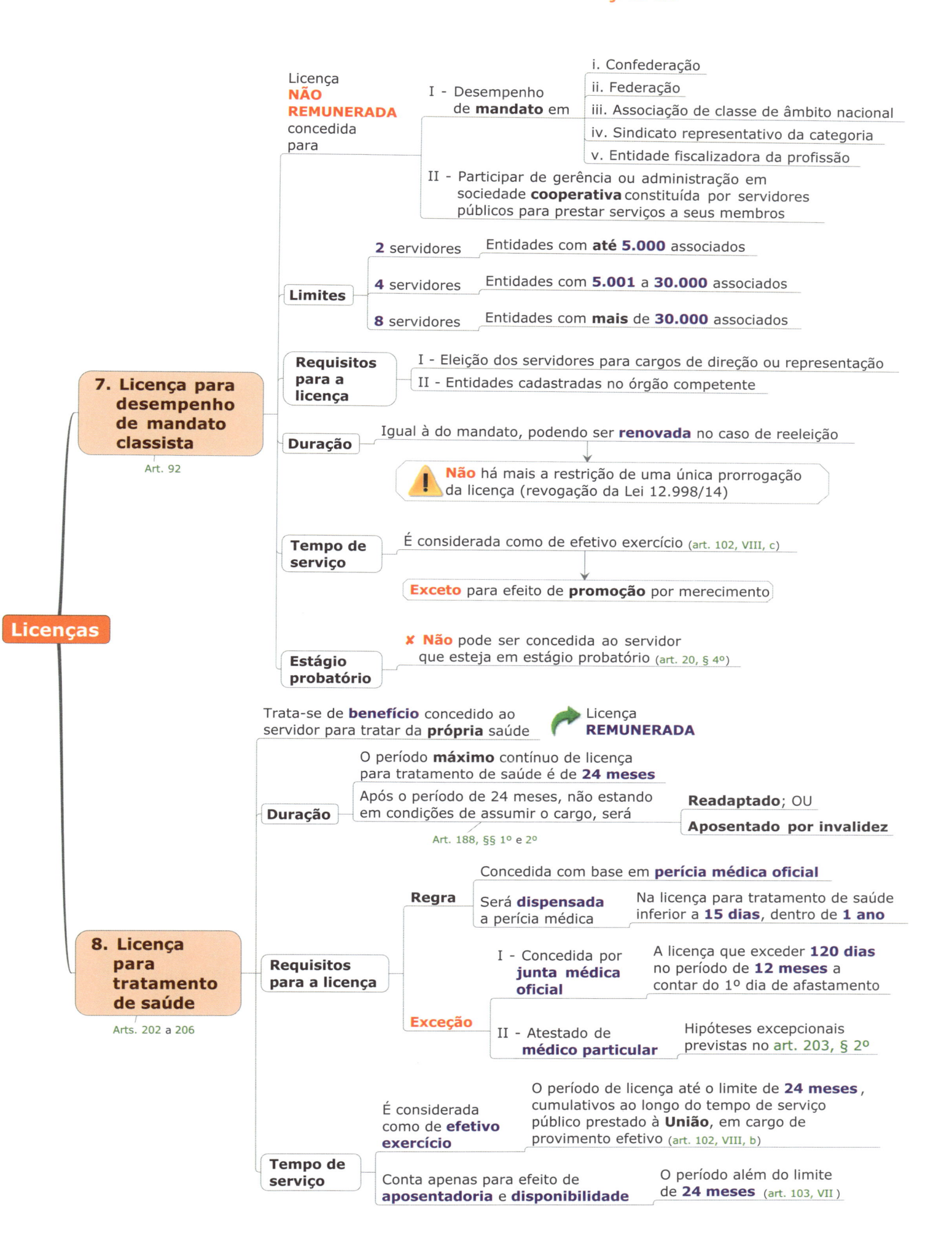

DIREITOS E VANTAGENS - LICENÇAS IV

Licenças

7. Licença para desempenho de mandato classista
Art. 92

- **Licença NÃO REMUNERADA concedida para:**
  - **I - Desempenho de mandato em**
    - i. Confederação
    - ii. Federação
    - iii. Associação de classe de âmbito nacional
    - iv. Sindicato representativo da categoria
    - v. Entidade fiscalizadora da profissão
  - **II -** Participar de gerência ou administração em sociedade **cooperativa** constituída por servidores públicos para prestar serviços a seus membros

- **Limites**
  - **2** servidores — Entidades com **até 5.000** associados
  - **4** servidores — Entidades com **5.001** a **30.000** associados
  - **8** servidores — Entidades com **mais** de **30.000** associados

- **Requisitos para a licença**
  - I - Eleição dos servidores para cargos de direção ou representação
  - II - Entidades cadastradas no órgão competente

- **Duração**: Igual à do mandato, podendo ser **renovada** no caso de reeleição
  - ⚠ **Não** há mais a restrição de uma única prorrogação da licença (revogação da Lei 12.998/14)

- **Tempo de serviço**: É considerada como de efetivo exercício (art. 102, VIII, c)
  - **Exceto** para efeito de **promoção** por merecimento

- **Estágio probatório**: ✘ **Não** pode ser concedida ao servidor que esteja em estágio probatório (art. 20, § 4º)

8. Licença para tratamento de saúde
Arts. 202 a 206

Trata-se de **benefício** concedido ao servidor para tratar da **própria** saúde → Licença **REMUNERADA**

- **Duração**
  - O período **máximo** contínuo de licença para tratamento de saúde é de **24 meses**
  - Após o período de 24 meses, não estando em condições de assumir o cargo, será:
    - **Readaptado**; OU
    - **Aposentado por invalidez**
  - Art. 188, §§ 1º e 2º

- **Requisitos para a licença**
  - **Regra**: Concedida com base em **perícia médica oficial**
    - Será **dispensada** a perícia médica — Na licença para tratamento de saúde inferior a **15 dias**, dentro de **1 ano**
  - **Exceção**:
    - I - Concedida por **junta médica oficial** — A licença que exceder **120 dias** no período de **12 meses** a contar do 1º dia de afastamento
    - II - Atestado de **médico particular** — Hipóteses excepcionais previstas no art. 203, § 2º

- **Tempo de serviço**
  - É considerada como de **efetivo exercício**: O período de licença até o limite de **24 meses**, cumulativos ao longo do tempo de serviço público prestado à **União**, em cargo de provimento efetivo (art. 102, VIII, b)
  - Conta apenas para efeito de **aposentadoria** e **disponibilidade**: O período além do limite de **24 meses** (art. 103, VII)

37

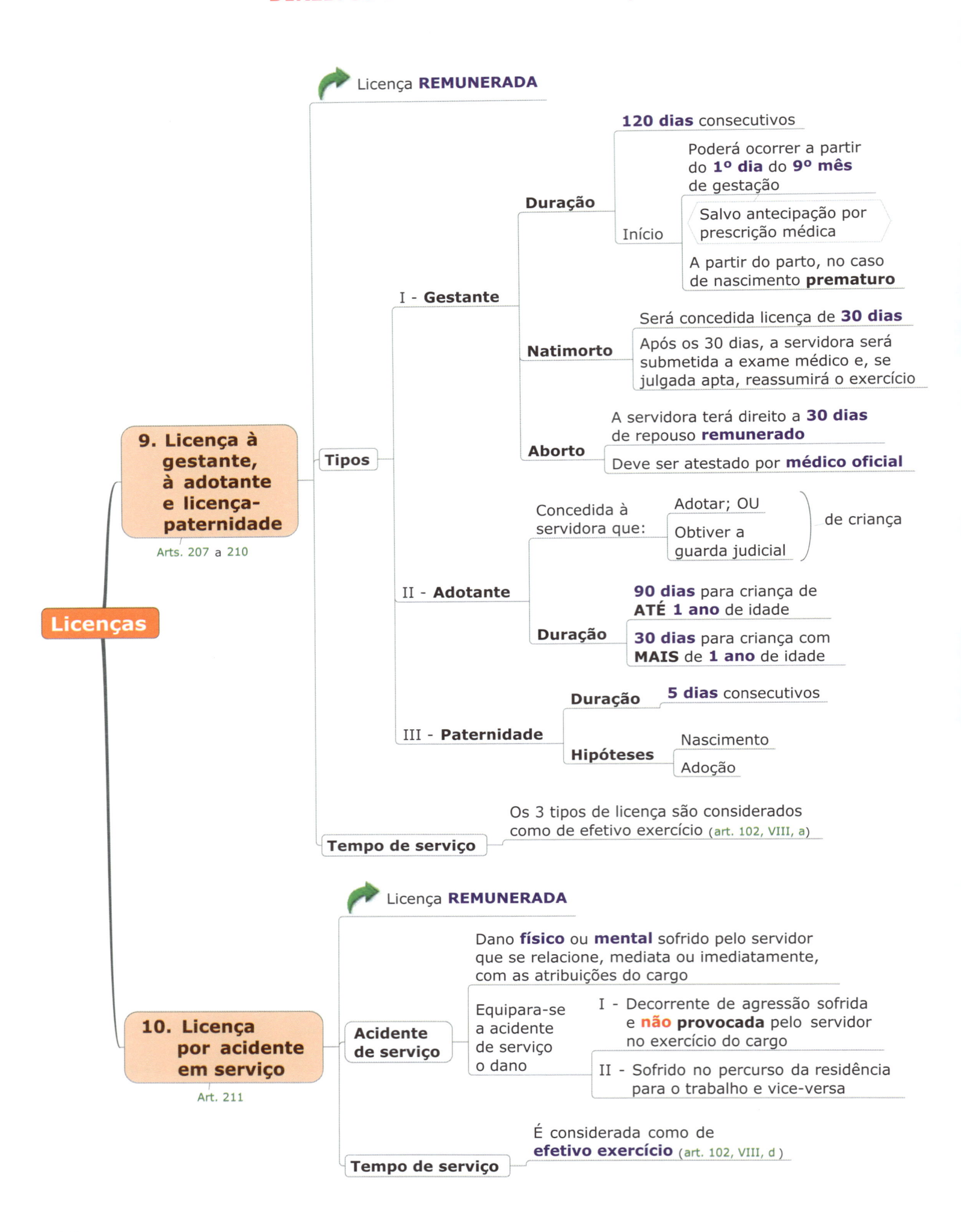

DIREITOS E VANTAGENS - LICENÇAS V

Licenças

9. Licença à gestante, à adotante e licença-paternidade
Arts. 207 a 210

Tipos → Licença **REMUNERADA**

I - Gestante
- **Duração**: **120 dias** consecutivos
  - **Início**:
    - Poderá ocorrer a partir do **1º dia** do **9º mês** de gestação
    - Salvo antecipação por prescrição médica
    - A partir do parto, no caso de nascimento **prematuro**
- **Natimorto**:
  - Será concedida licença de **30 dias**
  - Após os 30 dias, a servidora será submetida a exame médico e, se julgada apta, reassumirá o exercício
- **Aborto**:
  - A servidora terá direito a **30 dias** de repouso **remunerado**
  - Deve ser atestado por **médico oficial**

II - Adotante
- Concedida à servidora que: Adotar; OU Obtiver a guarda judicial — de criança
- **Duração**:
  - **90 dias** para criança de **ATÉ 1 ano** de idade
  - **30 dias** para criança com **MAIS** de **1 ano** de idade

III - Paternidade
- **Duração**: **5 dias** consecutivos
- **Hipóteses**: Nascimento / Adoção

Tempo de serviço: Os 3 tipos de licença são considerados como de efetivo exercício (art. 102, VIII, a)

10. Licença por acidente em serviço
Art. 211

Licença **REMUNERADA**

Acidente de serviço: Dano **físico** ou **mental** sofrido pelo servidor que se relacione, mediata ou imediatamente, com as atribuições do cargo

Equipara-se a acidente de serviço o dano:
- **I** - Decorrente de agressão sofrida e **não** provocada pelo servidor no exercício do cargo
- **II** - Sofrido no percurso da residência para o trabalho e vice-versa

Tempo de serviço: É considerada como de **efetivo exercício** (art. 102, VIII, d)

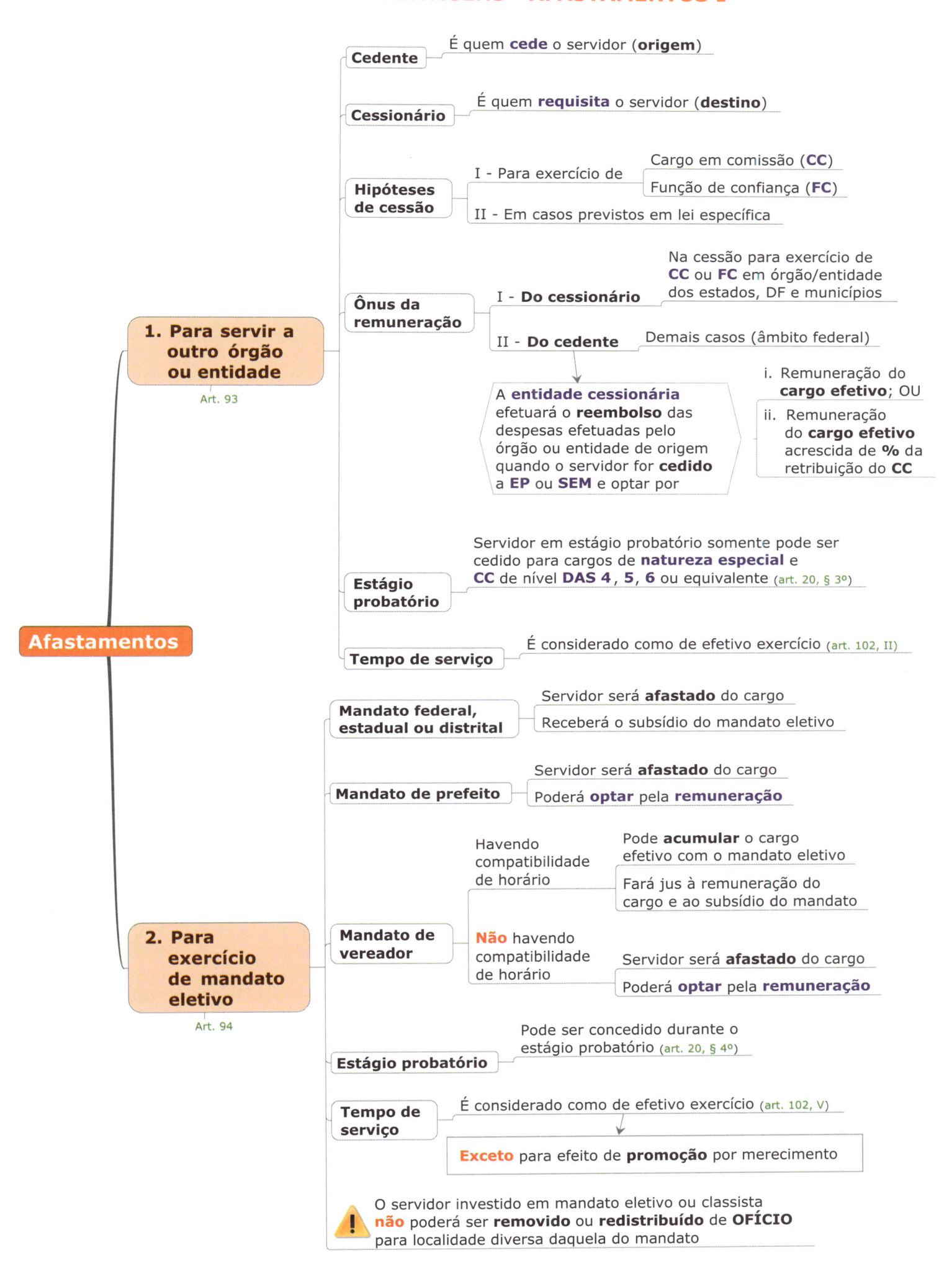

DIREITOS E VANTAGENS - AFASTAMENTOS I

Afastamentos

1. Para servir a outro órgão ou entidade (Art. 93)

- **Cedente**: É quem **cede** o servidor (**origem**)
- **Cessionário**: É quem **requisita** o servidor (**destino**)
- **Hipóteses de cessão**:
  - I - Para exercício de:
    - Cargo em comissão (**CC**)
    - Função de confiança (**FC**)
  - II - Em casos previstos em lei específica
- **Ônus da remuneração**:
  - I - **Do cessionário**: Na cessão para exercício de **CC** ou **FC** em órgão/entidade dos estados, DF e municípios
  - II - **Do cedente**: Demais casos (âmbito federal)
    - A **entidade cessionária** efetuará o **reembolso** das despesas efetuadas pelo órgão ou entidade de origem quando o servidor for **cedido** a **EP** ou **SEM** e optar por:
      - i. Remuneração do **cargo efetivo**; OU
      - ii. Remuneração do **cargo efetivo** acrescida de **%** da retribuição do **CC**
- **Estágio probatório**: Servidor em estágio probatório somente pode ser cedido para cargos de **natureza especial** e **CC** de nível **DAS 4**, **5**, **6** ou equivalente (art. 20, § 3º)
- **Tempo de serviço**: É considerado como de efetivo exercício (art. 102, II)

2. Para exercício de mandato eletivo (Art. 94)

- **Mandato federal, estadual ou distrital**:
  - Servidor será **afastado** do cargo
  - Receberá o subsídio do mandato eletivo
- **Mandato de prefeito**:
  - Servidor será **afastado** do cargo
  - Poderá **optar** pela **remuneração**
- **Mandato de vereador**:
  - Havendo compatibilidade de horário:
    - Pode **acumular** o cargo efetivo com o mandato eletivo
    - Fará jus à remuneração do cargo e ao subsídio do mandato
  - **Não** havendo compatibilidade de horário:
    - Servidor será **afastado** do cargo
    - Poderá **optar** pela **remuneração**
- **Estágio probatório**: Pode ser concedido durante o estágio probatório (art. 20, § 4º)
- **Tempo de serviço**: É considerado como de efetivo exercício (art. 102, V)
  - **Exceto** para efeito de **promoção** por merecimento

⚠️ O servidor investido em mandato eletivo ou classista **não** poderá ser **removido** ou **redistribuído** de **OFÍCIO** para localidade diversa daquela do mandato

DIREITOS E VANTAGENS - AFASTAMENTOS II

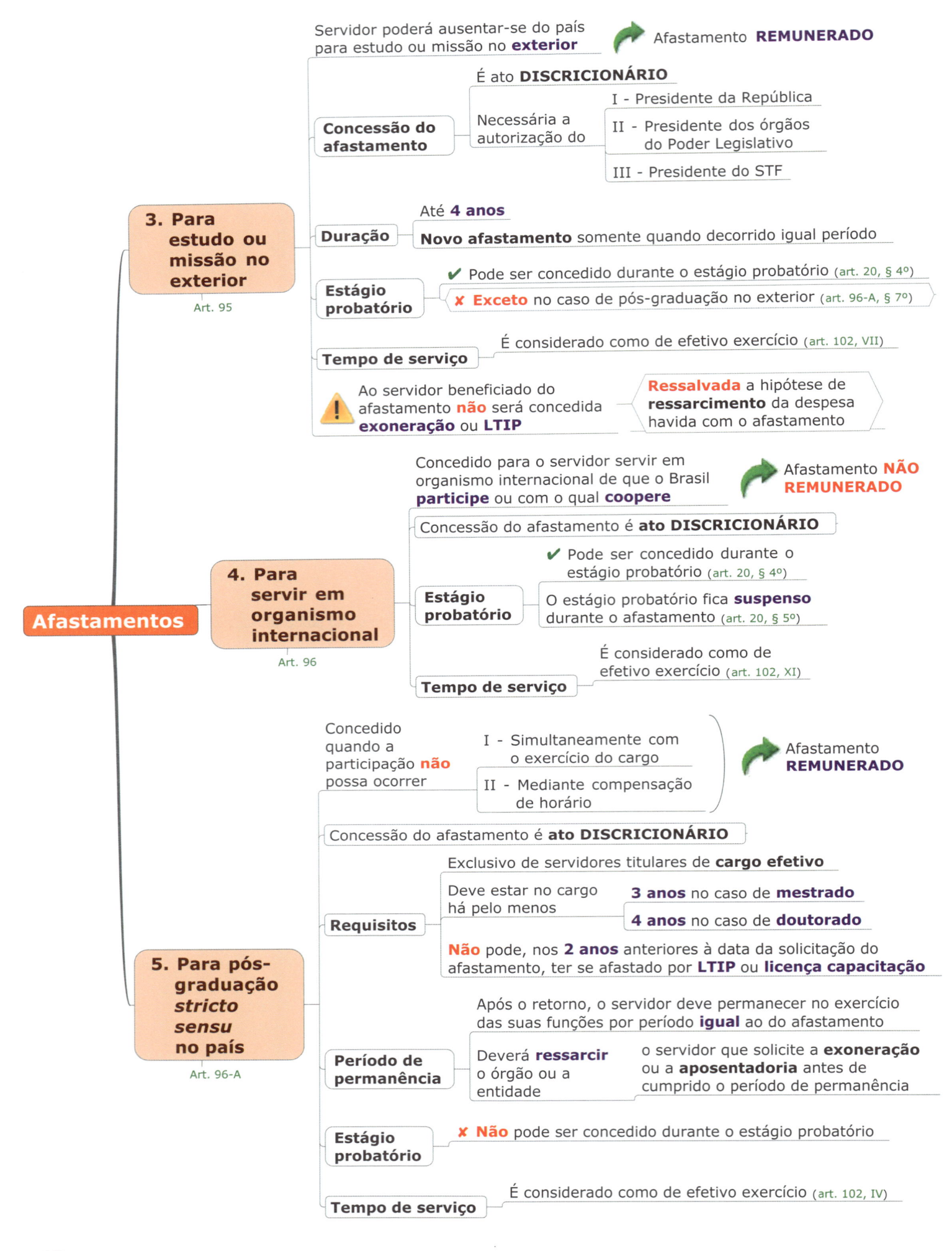

Afastamentos

3. Para estudo ou missão no exterior (Art. 95)

- Servidor poderá ausentar-se do país para estudo ou missão no **exterior** → Afastamento **REMUNERADO**
- **Concessão do afastamento**
  - É ato **DISCRICIONÁRIO**
  - Necessária a autorização do:
    - I - Presidente da República
    - II - Presidente dos órgãos do Poder Legislativo
    - III - Presidente do STF
- **Duração**
  - Até **4 anos**
  - **Novo afastamento** somente quando decorrido igual período
- **Estágio probatório**
  - ✔ Pode ser concedido durante o estágio probatório (art. 20, § 4º)
  - ✘ **Exceto** no caso de pós-graduação no exterior (art. 96-A, § 7º)
- **Tempo de serviço**: É considerado como de efetivo exercício (art. 102, VII)
- ⚠ Ao servidor beneficiado do afastamento **não** será concedida **exoneração** ou **LTIP** — **Ressalvada** a hipótese de **ressarcimento** da despesa havida com o afastamento

4. Para servir em organismo internacional (Art. 96)

- Concedido para o servidor servir em organismo internacional de que o Brasil **participe** ou com o qual **coopere** → Afastamento **NÃO REMUNERADO**
- Concessão do afastamento é **ato DISCRICIONÁRIO**
- **Estágio probatório**
  - ✔ Pode ser concedido durante o estágio probatório (art. 20, § 4º)
  - O estágio probatório fica **suspenso** durante o afastamento (art. 20, § 5º)
- **Tempo de serviço**: É considerado como de efetivo exercício (art. 102, XI)

5. Para pós-graduação *stricto sensu* no país (Art. 96-A)

- Concedido quando a participação **não** possa ocorrer:
  - I - Simultaneamente com o exercício do cargo
  - II - Mediante compensação de horário
  → Afastamento **REMUNERADO**
- Concessão do afastamento é **ato DISCRICIONÁRIO**
- **Requisitos**
  - Exclusivo de servidores titulares de **cargo efetivo**
  - Deve estar no cargo há pelo menos:
    - **3 anos** no caso de **mestrado**
    - **4 anos** no caso de **doutorado**
  - **Não** pode, nos **2 anos** anteriores à data da solicitação do afastamento, ter se afastado por **LTIP** ou **licença capacitação**
- **Período de permanência**
  - Após o retorno, o servidor deve permanecer no exercício das suas funções por período **igual** ao do afastamento
  - Deverá **ressarcir** o órgão ou a entidade — o servidor que solicite a **exoneração** ou a **aposentadoria** antes de cumprido o período de permanência
- **Estágio probatório**: ✘ **Não** pode ser concedido durante o estágio probatório
- **Tempo de serviço**: É considerado como de efetivo exercício (art. 102, IV)

LICENÇAS E AFASTAMENTOS - ESTÁGIO PROBATÓRIO E TEMPO DE SERVIÇO

Licenças e Afastamentos

1. Estágio probatório

Poderá ser concedido durante o estágio probatório: (Art. 20, § 4º)
- I - Licença por motivo de doença em pessoa da família
- II - Licença por motivo de afastamento do cônjuge ou companheiro
- III - Licença para atividade política
- IV - Licença para o serviço militar
- V - Afastamento para exercício de mandato eletivo
- VI - Afastamento para estudo ou missão oficial no exterior
  - ✘ **Exceto** no caso de pós-graduação no exterior (art. 96-A, § 7º)
- VII - Afastamento para servir em organismo internacional de que o Brasil participe ou com o qual coopere
- VIII - Afastamento para participar de curso de formação decorrente de aprovação em concurso para outro cargo federal

O estágio probatório ficará suspenso durante: (Art. 20, § 5º)
- I - Licença por motivo de doença em pessoa da família
- II - Licença por motivo de afastamento do cônjuge ou companheiro
- III - Licença para atividade política
- IV - Afastamento para servir em organismo internacional de que o Brasil participe ou com o qual coopere
- V - Afastamento para participar de curso de formação decorrente de aprovação em concurso para outro cargo federal

2. Tempo de serviço

É considerado como de efetivo exercício:
- I - Licença por motivo de doença em pessoa da família — Nos primeiros 30 dias (remunerada) (art. 103, II)
- II - Licença para serviço militar (art. 102, VIII, f)
- III - Licença para capacitação (art. 102, VIII, e)
- IV - Licença para desempenho de mandato classista (art. 102, VIII, c)
  - ✘ **Exceto** para efeito de **promoção** por merecimento
- V - Licença para tratamento de saúde — Até o limite de **24 meses**, cumulativos ao longo do tempo de serviço público prestado à **União**, em cargo de provimento efetivo (art. 102, VIII, b)
- VI - Licença gestante/adotante/paternidade (art. 102, VIII, a)
- VII - Licença por acidente em serviço (art. 102, VIII, d)
- VIII - Afastamento para servir a outro órgão ou entidade (art. 102, II)
- IX - Afastamento para exercício de mandato eletivo (art. 102, V)
  - ✘ **Exceto** para efeito de **promoção** por merecimento
- X - Afastamento para estudo ou missão no exterior (art. 102, VII)
- XI - Afastamento para servir em organismo internacional de que o Brasil participe ou com o qual coopere (art. 102, XI)
- XII - Afastamento para pós-graduação *stricto sensu* no país (art. 102, IV)

Conta apenas para efeito de aposentadoria e disponibilidade:
- I - Licença por motivo de doença em pessoa da família — Com remuneração, que **exceder** a 30 dias em período de 12 meses (art. 103, II)
- II - Licença para atividade política — **Remunerada** (art. 103, III)
- III - Licença para tratamento de saúde — O período que exceder o limite de **24 meses**, cumulativos ao longo do tempo de serviço público prestado à **União**, em cargo de provimento efetivo (art. 103, VII)

Não conta como tempo de serviço:
- I - Licença por motivo de doença em pessoa da família — **Não** remunerada
- II - Licença para atividade política — **Não** remunerada
- III - Licença por motivo de afastamento do cônjuge ou companheiro
- IV - Licença para tratar de interesses particulares (**LTIP**)

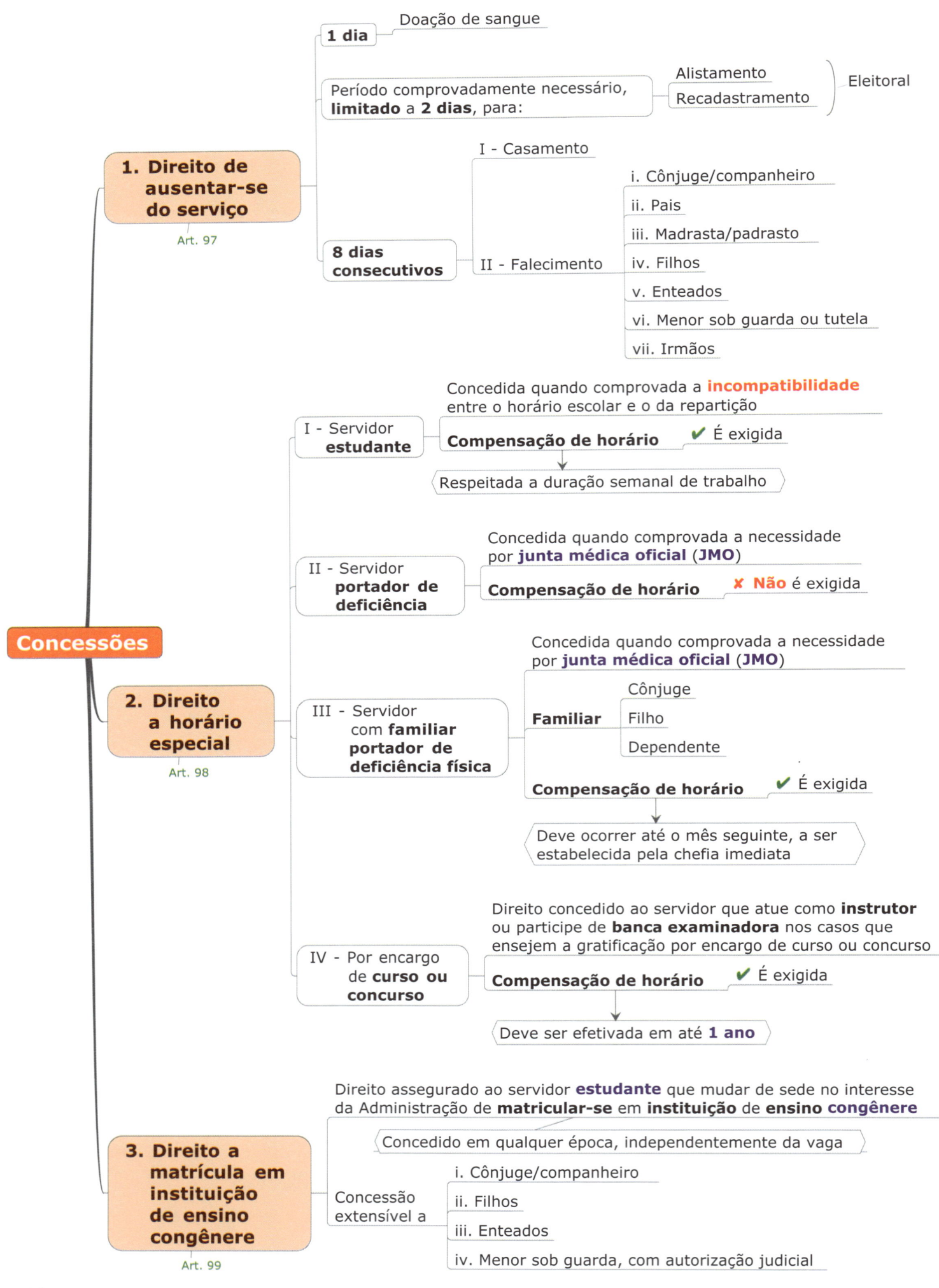

DIREITOS E VANTAGENS - CONCESSÕES

Concessões

1. Direito de ausentar-se do serviço (Art. 97)

- **1 dia** — Doação de sangue
- **Período comprovadamente necessário, limitado a 2 dias**, para:
  - Alistamento } Eleitoral
  - Recadastramento
- **8 dias consecutivos**
  - I - Casamento
  - II - Falecimento
    - i. Cônjuge/companheiro
    - ii. Pais
    - iii. Madrasta/padrasto
    - iv. Filhos
    - v. Enteados
    - vi. Menor sob guarda ou tutela
    - vii. Irmãos

2. Direito a horário especial (Art. 98)

- **I - Servidor estudante**
  - Concedida quando comprovada a **incompatibilidade** entre o horário escolar e o da repartição
  - **Compensação de horário** ✔ É exigida
    - Respeitada a duração semanal de trabalho

- **II - Servidor portador de deficiência**
  - Concedida quando comprovada a necessidade por **junta médica oficial (JMO)**
  - **Compensação de horário** ✘ **Não** é exigida

- **III - Servidor com familiar portador de deficiência física**
  - Concedida quando comprovada a necessidade por **junta médica oficial (JMO)**
  - **Familiar**: Cônjuge / Filho / Dependente
  - **Compensação de horário** ✔ É exigida
    - Deve ocorrer até o mês seguinte, a ser estabelecida pela chefia imediata

- **IV - Por encargo de curso ou concurso**
  - Direito concedido ao servidor que atue como **instrutor** ou participe de **banca examinadora** nos casos que ensejem a gratificação por encargo de curso ou concurso
  - **Compensação de horário** ✔ É exigida
    - Deve ser efetivada em até **1 ano**

3. Direito a matrícula em instituição de ensino congênere (Art. 99)

- Direito assegurado ao servidor **estudante** que mudar de sede no interesse da Administração de **matricular-se** em **instituição** de **ensino congênere**
- Concedido em qualquer época, independentemente da vaga
- **Concessão extensível a**:
  - i. Cônjuge/companheiro
  - ii. Filhos
  - iii. Enteados
  - iv. Menor sob guarda, com autorização judicial

DIREITOS E VANTAGENS - DIREITO DE PETIÇÃO

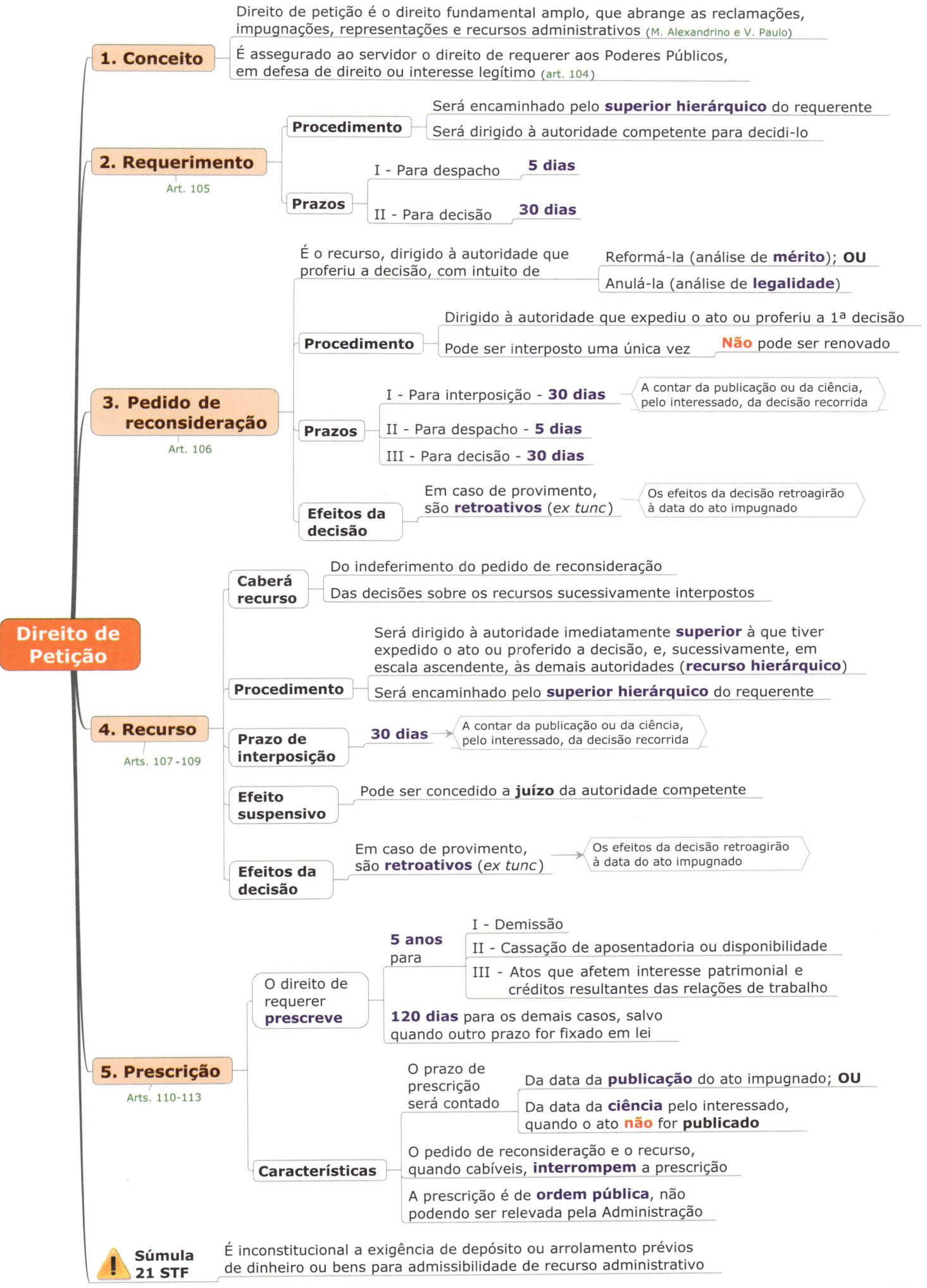

Direito de Petição

1. Conceito

Direito de petição é o direito fundamental amplo, que abrange as reclamações, impugnações, representações e recursos administrativos (M. Alexandrino e V. Paulo)

É assegurado ao servidor o direito de requerer aos Poderes Públicos, em defesa de direito ou interesse legítimo (art. 104)

2. Requerimento (Art. 105)

- **Procedimento**
  - Será encaminhado pelo **superior hierárquico** do requerente
  - Será dirigido à autoridade competente para decidi-lo
- **Prazos**
  - I - Para despacho: **5 dias**
  - II - Para decisão: **30 dias**

3. Pedido de reconsideração (Art. 106)

- É o recurso, dirigido à autoridade que proferiu a decisão, com intuito de:
  - Reformá-la (análise de **mérito**); OU
  - Anulá-la (análise de **legalidade**)
- **Procedimento**
  - Dirigido à autoridade que expediu o ato ou proferiu a 1ª decisão
  - Pode ser interposto uma única vez — **Não** pode ser renovado
- **Prazos**
  - I - Para interposição - **30 dias** (A contar da publicação ou da ciência, pelo interessado, da decisão recorrida)
  - II - Para despacho - **5 dias**
  - III - Para decisão - **30 dias**
- **Efeitos da decisão**
  - Em caso de provimento, são **retroativos** (*ex tunc*) — Os efeitos da decisão retroagirão à data do ato impugnado

4. Recurso (Arts. 107-109)

- **Caberá recurso**
  - Do indeferimento do pedido de reconsideração
  - Das decisões sobre os recursos sucessivamente interpostos
- **Procedimento**
  - Será dirigido à autoridade imediatamente **superior** à que tiver expedido o ato ou proferido a decisão, e, sucessivamente, em escala ascendente, às demais autoridades (**recurso hierárquico**)
  - Será encaminhado pelo **superior hierárquico** do requerente
- **Prazo de interposição**
  - **30 dias** (A contar da publicação ou da ciência, pelo interessado, da decisão recorrida)
- **Efeito suspensivo**
  - Pode ser concedido a **juízo** da autoridade competente
- **Efeitos da decisão**
  - Em caso de provimento, são **retroativos** (*ex tunc*) — Os efeitos da decisão retroagirão à data do ato impugnado

5. Prescrição (Arts. 110-113)

- **O direito de requerer prescreve**
  - **5 anos** para:
    - I - Demissão
    - II - Cassação de aposentadoria ou disponibilidade
    - III - Atos que afetem interesse patrimonial e créditos resultantes das relações de trabalho
  - **120 dias** para os demais casos, salvo quando outro prazo for fixado em lei
- **O prazo de prescrição será contado**
  - Da data da **publicação** do ato impugnado; OU
  - Da data da **ciência** pelo interessado, quando o ato **não** for **publicado**
- **Características**
  - O pedido de reconsideração e o recurso, quando cabíveis, **interrompem** a prescrição
  - A prescrição é de **ordem pública**, não podendo ser relevada pela Administração

⚠ Súmula 21 STF

É inconstitucional a exigência de depósito ou arrolamento prévios de dinheiro ou bens para admissibilidade de recurso administrativo

Capítulo 5

Regime Disciplinar

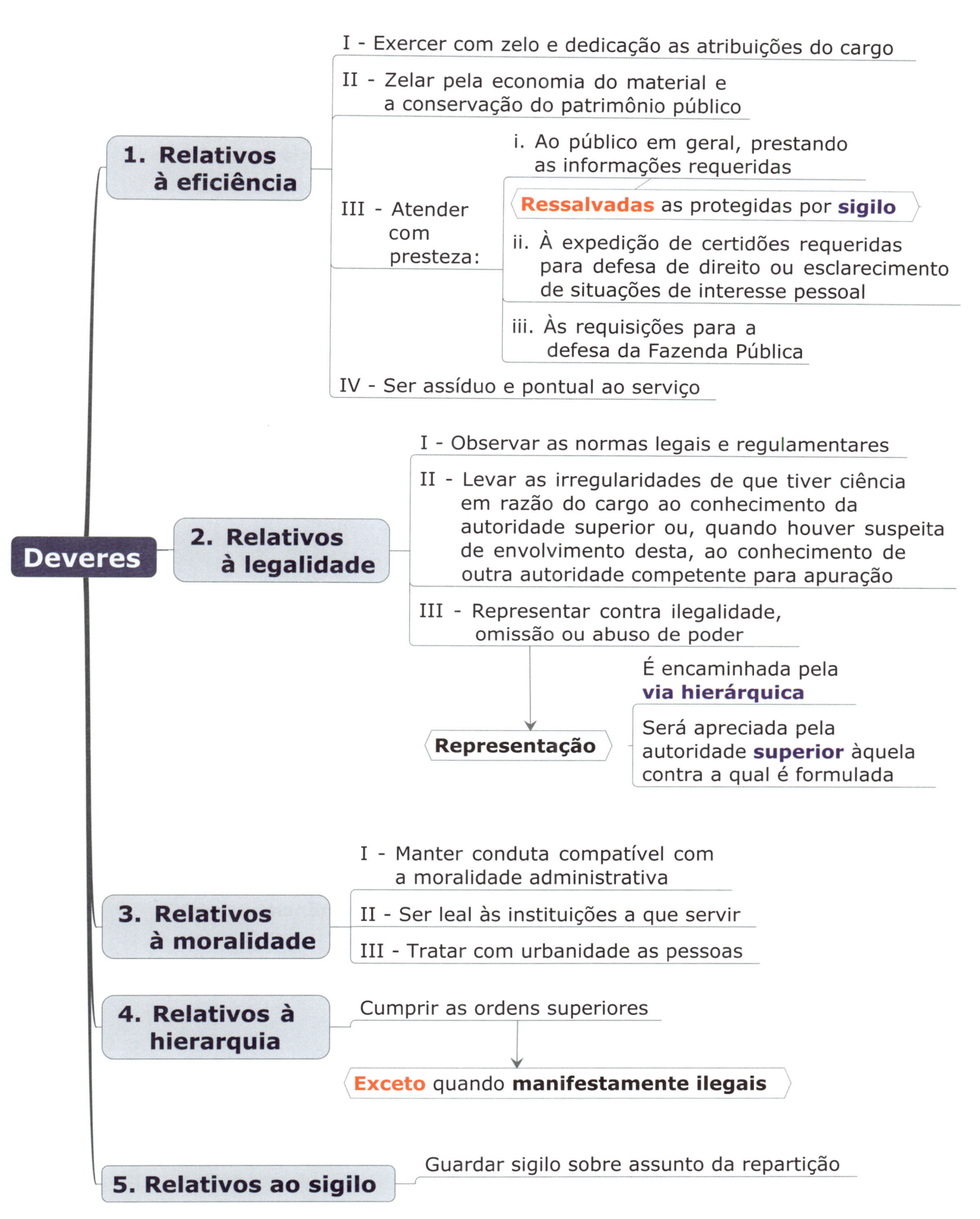

REGIME DISCIPLINAR - DEVERES

Lei 8.112/90, art. 116

Deveres

1. Relativos à eficiência
- I - Exercer com zelo e dedicação as atribuições do cargo
- II - Zelar pela economia do material e a conservação do patrimônio público
- III - Atender com presteza:
  - i. Ao público em geral, prestando as informações requeridas
    - **Ressalvadas** as protegidas por **sigilo**
  - ii. À expedição de certidões requeridas para defesa de direito ou esclarecimento de situações de interesse pessoal
  - iii. Às requisições para a defesa da Fazenda Pública
- IV - Ser assíduo e pontual ao serviço

2. Relativos à legalidade
- I - Observar as normas legais e regulamentares
- II - Levar as irregularidades de que tiver ciência em razão do cargo ao conhecimento da autoridade superior ou, quando houver suspeita de envolvimento desta, ao conhecimento de outra autoridade competente para apuração
- III - Representar contra ilegalidade, omissão ou abuso de poder

Representação
- É encaminhada pela **via hierárquica**
- Será apreciada pela autoridade **superior** àquela contra a qual é formulada

3. Relativos à moralidade
- I - Manter conduta compatível com a moralidade administrativa
- II - Ser leal às instituições a que servir
- III - Tratar com urbanidade as pessoas

4. Relativos à hierarquia
- Cumprir as ordens superiores
  - **Exceto** quando **manifestamente ilegais**

5. Relativos ao sigilo
- Guardar sigilo sobre assunto da repartição

REGIME DISCIPLINAR - PROIBIÇÕES I

Lei 8.112/90, art. 117

Proibições

I - Ausentar-se do serviço durante o expediente, **sem prévia autorização** do chefe imediato → **Advertência** (art. 129)

II - Retirar, **sem prévia anuência** da autoridade competente, qualquer documento ou objeto da repartição → **Advertência** (art. 129)

III - Recusar fé a documentos públicos → **Advertência** (art. 129)

IV - Opor resistência **injustificada** ao andamento de documento e processo ou execução de serviço → **Advertência** (art. 129)

V - Promover manifestação de **Apreço**; ou **Desapreço** — No recinto da repartição → **Advertência** (art. 129)

VI - Cometer a **pessoa ESTRANHA** à repartição, **fora** dos casos previstos em **lei**, o desempenho de atribuição que seja de sua responsabilidade ou de seu subordinado → **Advertência** (art. 129)

> A **competência** é **irrenunciável** e se exerce pelos órgãos administrativos a que foi atribuída como própria, **salvo** os casos de **delegação** e **avocação** legalmente admitidos (Lei 9.784/99, art. 11)

VII - Coagir ou aliciar subordinados para se **filiarem** à associação profissional ou sindical, ou a partido político → **Advertência** (art. 129)

VIII - Praticar o **nepotismo** — Manter sob sua **chefia imediata**, em cargo ou função de confiança, cônjuge, companheiro ou parente até o **2º** grau civil → **Advertência** (art. 129)

XIX - Recusar-se a atualizar seus **dados cadastrais** quando solicitado → **Advertência** (art. 129)

XVII - Cometer a outro **SERVIDOR** atribuições estranhas ao cargo que ocupa → **Suspensão** (art. 130)

> **Exceto** em situações de emergência e transitórias

XVIII - Exercer quaisquer **atividades** que sejam **incompatíveis** com o exercício do cargo ou função e com o horário de trabalho → **Suspensão** (art. 130)

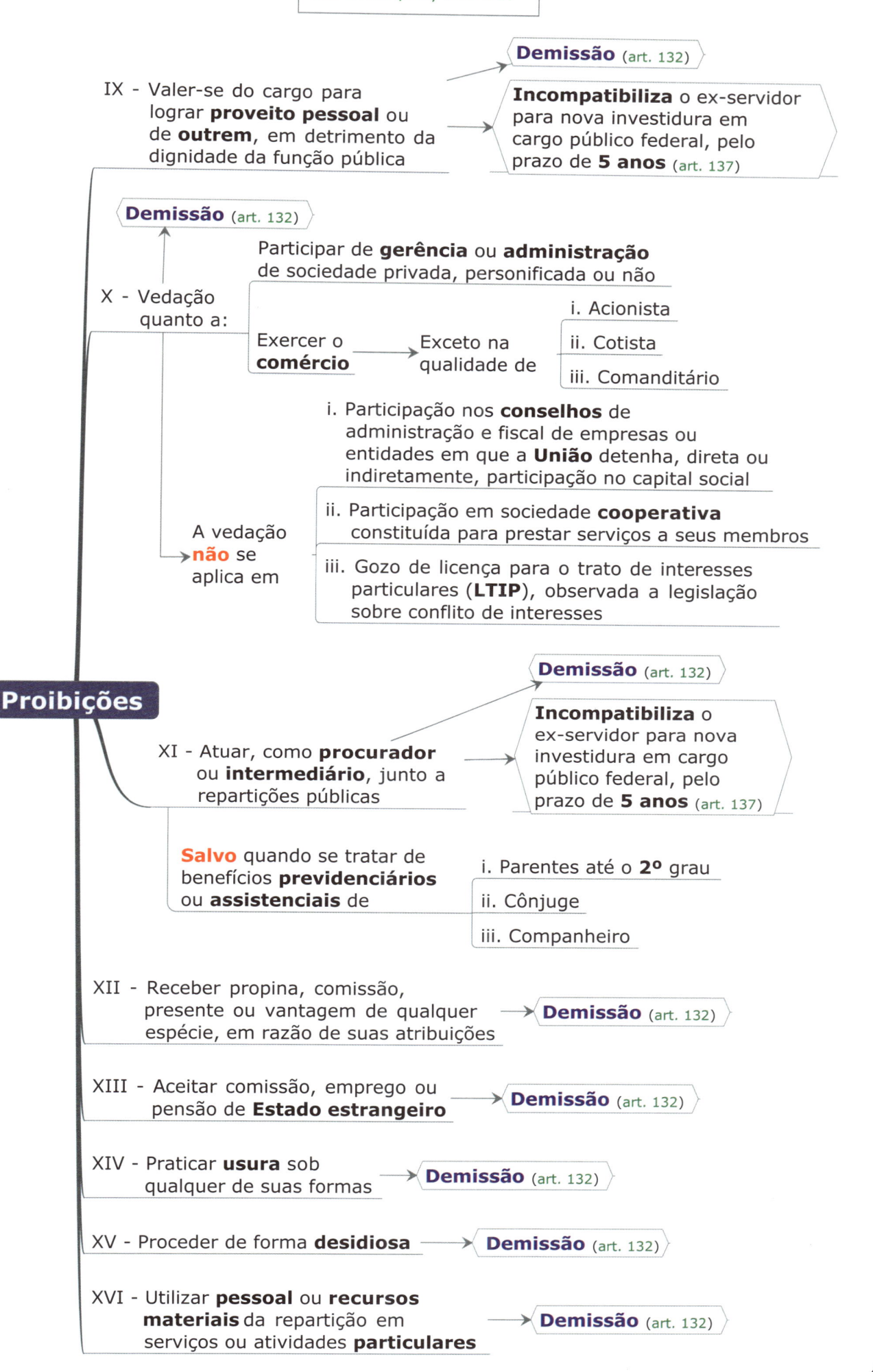

REGIME DISCIPLINAR - PROIBIÇÕES II

Lei 8.112/90, art. 117

Proibições

IX - Valer-se do cargo para lograr **proveito pessoal** ou de **outrem**, em detrimento da dignidade da função pública
- → **Demissão** (art. 132)
- → **Incompatibiliza** o ex-servidor para nova investidura em cargo público federal, pelo prazo de **5 anos** (art. 137)

X - Vedação quanto a:
- → **Demissão** (art. 132)
- Participar de **gerência** ou **administração** de sociedade privada, personificada ou não
- Exercer o **comércio** → Exceto na qualidade de:
  - i. Acionista
  - ii. Cotista
  - iii. Comanditário

A vedação **não** se aplica em:
- i. Participação nos **conselhos** de administração e fiscal de empresas ou entidades em que a **União** detenha, direta ou indiretamente, participação no capital social
- ii. Participação em sociedade **cooperativa** constituída para prestar serviços a seus membros
- iii. Gozo de licença para o trato de interesses particulares (**LTIP**), observada a legislação sobre conflito de interesses

XI - Atuar, como **procurador** ou **intermediário**, junto a repartições públicas
- → **Demissão** (art. 132)
- → **Incompatibiliza** o ex-servidor para nova investidura em cargo público federal, pelo prazo de **5 anos** (art. 137)

Salvo quando se tratar de benefícios **previdenciários** ou **assistenciais** de:
- i. Parentes até o **2º** grau
- ii. Cônjuge
- iii. Companheiro

XII - Receber propina, comissão, presente ou vantagem de qualquer espécie, em razão de suas atribuições → **Demissão** (art. 132)

XIII - Aceitar comissão, emprego ou pensão de **Estado estrangeiro** → **Demissão** (art. 132)

XIV - Praticar **usura** sob qualquer de suas formas → **Demissão** (art. 132)

XV - Proceder de forma **desidiosa** → **Demissão** (art. 132)

XVI - Utilizar **pessoal** ou **recursos materiais** da repartição em serviços ou atividades **particulares** → **Demissão** (art. 132)

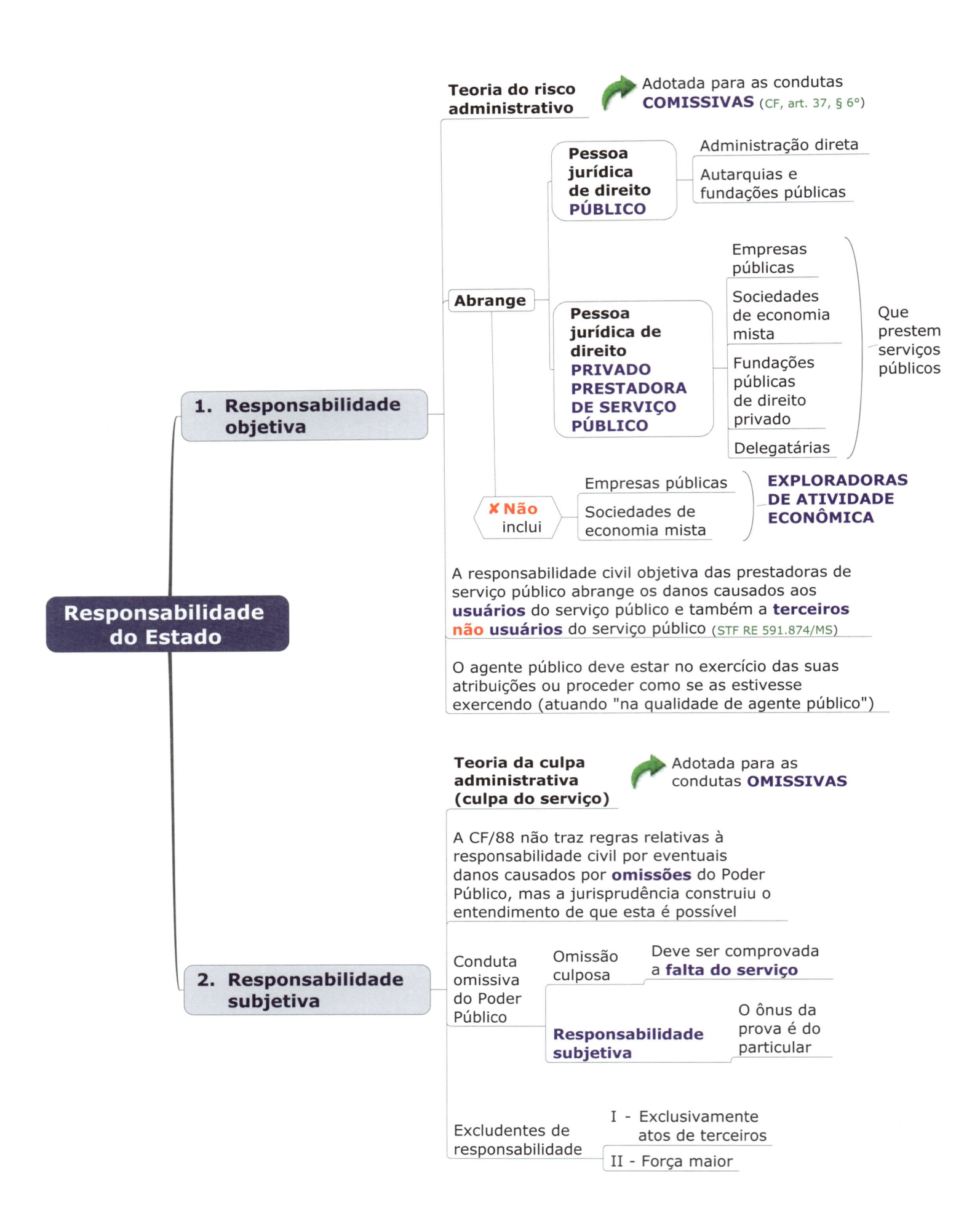

REGIME DISCIPLINAR - RESPONSABILIDADE DO ESTADO

Responsabilidade do Estado

1. Responsabilidade objetiva

- **Teoria do risco administrativo** → Adotada para as condutas **COMISSIVAS** (CF, art. 37, § 6°)

- **Abrange:**
  - **Pessoa jurídica de direito PÚBLICO**
    - Administração direta
    - Autarquias e fundações públicas
  - **Pessoa jurídica de direito PRIVADO PRESTADORA DE SERVIÇO PÚBLICO**
    - Empresas públicas
    - Sociedades de economia mista
    - Fundações públicas de direito privado
    - Delegatárias
    - } Que prestem serviços públicos

- **✗ Não inclui:**
  - Empresas públicas
  - Sociedades de economia mista
  - } **EXPLORADORAS DE ATIVIDADE ECONÔMICA**

A responsabilidade civil objetiva das prestadoras de serviço público abrange os danos causados aos **usuários** do serviço público e também a **terceiros não usuários** do serviço público (STF RE 591.874/MS)

O agente público deve estar no exercício das suas atribuições ou proceder como se as estivesse exercendo (atuando "na qualidade de agente público")

2. Responsabilidade subjetiva

- **Teoria da culpa administrativa (culpa do serviço)** → Adotada para as condutas **OMISSIVAS**

A CF/88 não traz regras relativas à responsabilidade civil por eventuais danos causados por **omissões** do Poder Público, mas a jurisprudência construiu o entendimento de que esta é possível

- **Conduta omissiva do Poder Público**
  - Omissão culposa — Deve ser comprovada a **falta do serviço**
  - **Responsabilidade subjetiva** — O ônus da prova é do particular

- **Excludentes de responsabilidade**
  - I - Exclusivamente atos de terceiros
  - II - Força maior

50

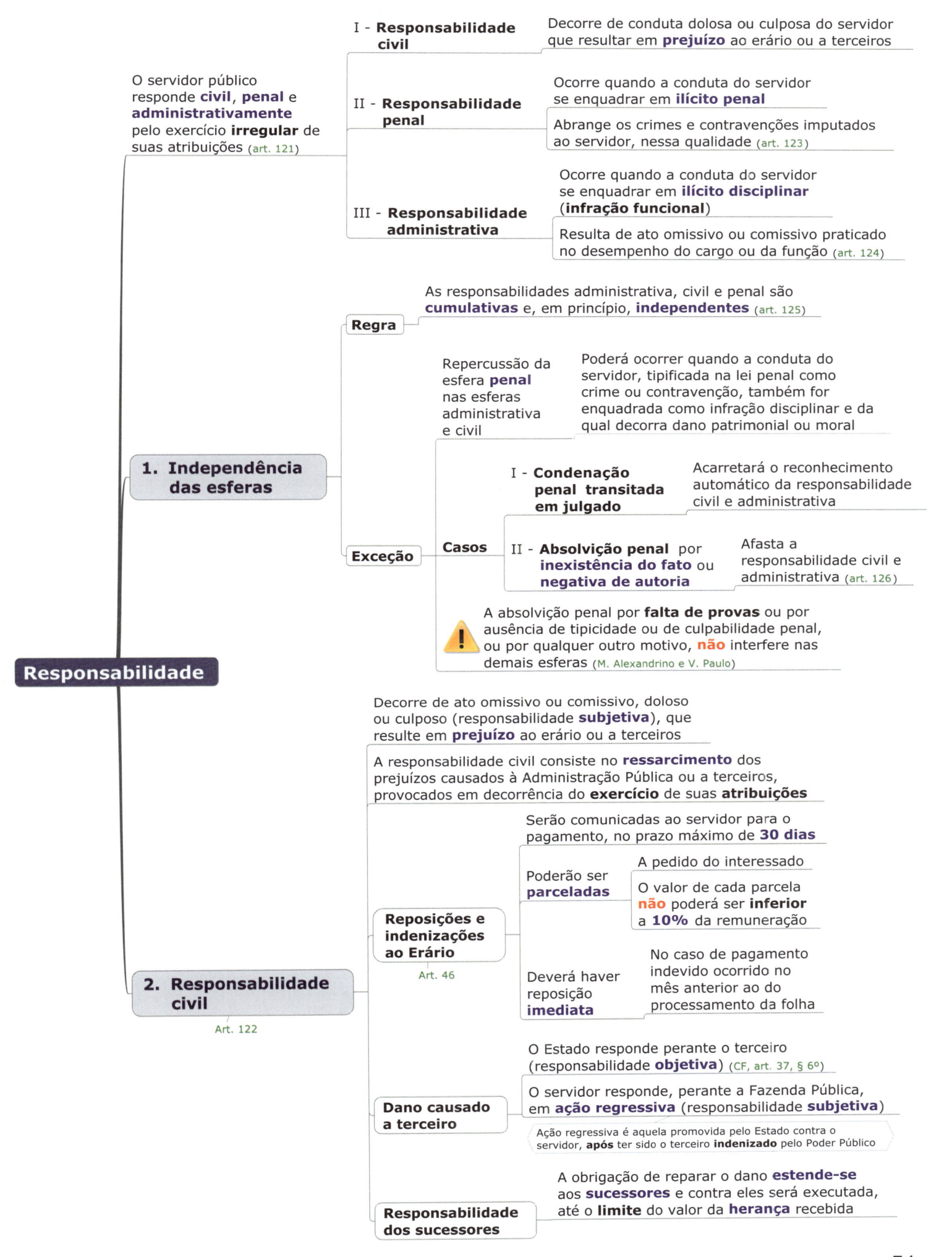

REGIME DISCIPLINAR - RESPONSABILIDADE DO SERVIDOR

Responsabilidade

O servidor público responde **civil**, **penal** e **administrativamente** pelo exercício **irregular** de suas atribuições (art. 121)

- **I - Responsabilidade civil**: Decorre de conduta dolosa ou culposa do servidor que resultar em **prejuízo** ao erário ou a terceiros
- **II - Responsabilidade penal**:
  - Ocorre quando a conduta do servidor se enquadrar em **ilícito penal**
  - Abrange os crimes e contravenções imputados ao servidor, nessa qualidade (art. 123)
- **III - Responsabilidade administrativa**:
  - Ocorre quando a conduta do servidor se enquadrar em **ilícito disciplinar** (**infração funcional**)
  - Resulta de ato omissivo ou comissivo praticado no desempenho do cargo ou da função (art. 124)

1. Independência das esferas

- **Regra**: As responsabilidades administrativa, civil e penal são **cumulativas** e, em princípio, **independentes** (art. 125)
- **Exceção** — Repercussão da esfera **penal** nas esferas administrativa e civil: Poderá ocorrer quando a conduta do servidor, tipificada na lei penal como crime ou contravenção, também for enquadrada como infração disciplinar e da qual decorra dano patrimonial ou moral
  - **Casos**:
    - **I - Condenação penal transitada em julgado**: Acarretará o reconhecimento automático da responsabilidade civil e administrativa
    - **II - Absolvição penal** por **inexistência do fato** ou **negativa de autoria**: Afasta a responsabilidade civil e administrativa (art. 126)
  - ⚠ A absolvição penal por **falta de provas** ou por ausência de tipicidade ou de culpabilidade penal, ou por qualquer outro motivo, **não** interfere nas demais esferas (M. Alexandrino e V. Paulo)

2. Responsabilidade civil (Art. 122)

Decorre de ato omissivo ou comissivo, doloso ou culposo (responsabilidade **subjetiva**), que resulte em **prejuízo** ao erário ou a terceiros

A responsabilidade civil consiste no **ressarcimento** dos prejuízos causados à Administração Pública ou a terceiros, provocados em decorrência do **exercício** de suas **atribuições**

- **Reposições e indenizações ao Erário** (Art. 46):
  - Serão comunicadas ao servidor para o pagamento, no prazo máximo de **30 dias**
  - Poderão ser **parceladas**:
    - A pedido do interessado
    - O valor de cada parcela **não** poderá ser **inferior** a **10%** da remuneração
  - Deverá haver reposição **imediata**: No caso de pagamento indevido ocorrido no mês anterior ao do processamento da folha
- **Dano causado a terceiro**:
  - O Estado responde perante o terceiro (responsabilidade **objetiva**) (CF, art. 37, § 6º)
  - O servidor responde, perante a Fazenda Pública, em **ação regressiva** (responsabilidade **subjetiva**)
  - Ação regressiva é aquela promovida pelo Estado contra o servidor, **após** ter sido o terceiro **indenizado** pelo Poder Público
- **Responsabilidade dos sucessores**: A obrigação de reparar o dano **estende-se** aos **sucessores** e contra eles será executada, até o **limite** do valor da **herança** recebida

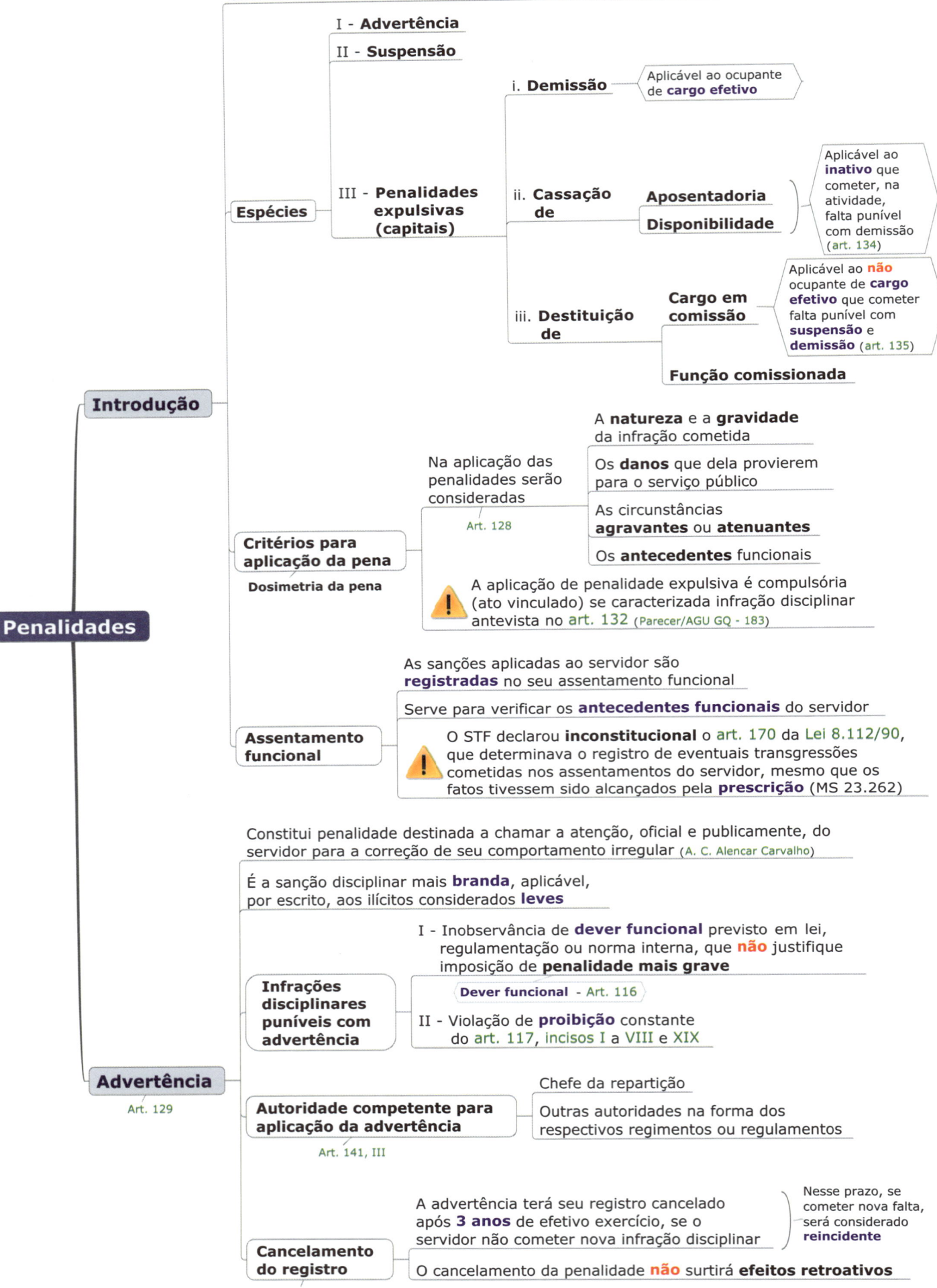

REGIME DISCIPLINAR - PENALIDADES I

Sanção disciplinar é a **consequência jurídica desfavorável**, prevista em lei e imposta ao servidor público estatutário, após a observância do devido processo legal, em razão do cometimento de **infração funcional** a ele imputável pela Administração Pública

Penalidades

Introdução

Espécies
- I - Advertência
- II - Suspensão
- III - Penalidades expulsivas (capitais)
  - i. Demissão — Aplicável ao ocupante de **cargo efetivo**
  - ii. Cassação de:
    - Aposentadoria
    - Disponibilidade

    Aplicável ao **inativo** que cometer, na atividade, falta punível com demissão (art. 134)
  - iii. Destituição de:
    - Cargo em comissão — Aplicável ao **não** ocupante de **cargo efetivo** que cometer falta punível com **suspensão** e **demissão** (art. 135)
    - Função comissionada

Critérios para aplicação da pena (Dosimetria da pena)

Na aplicação das penalidades serão consideradas (Art. 128):
- A **natureza** e a **gravidade** da infração cometida
- Os **danos** que dela provierem para o serviço público
- As circunstâncias **agravantes** ou **atenuantes**
- Os **antecedentes** funcionais

⚠ A aplicação de penalidade expulsiva é compulsória (ato vinculado) se caracterizada infração disciplinar antevista no art. 132 (Parecer/AGU GQ - 183)

Assentamento funcional
- As sanções aplicadas ao servidor são **registradas** no seu assentamento funcional
- Serve para verificar os **antecedentes funcionais** do servidor
- ⚠ O STF declarou **inconstitucional** o art. 170 da Lei 8.112/90, que determinava o registro de eventuais transgressões cometidas nos assentamentos do servidor, mesmo que os fatos tivessem sido alcançados pela **prescrição** (MS 23.262)

Advertência (Art. 129)

Constitui penalidade destinada a chamar a atenção, oficial e publicamente, do servidor para a correção de seu comportamento irregular (A. C. Alencar Carvalho)

É a sanção disciplinar mais **branda**, aplicável, por escrito, aos ilícitos considerados **leves**

Infrações disciplinares puníveis com advertência
- I - Inobservância de **dever funcional** previsto em lei, regulamentação ou norma interna, que **não** justifique imposição de **penalidade mais grave**
  - Dever funcional - Art. 116
- II - Violação de **proibição** constante do art. 117, incisos I a VIII e XIX

Autoridade competente para aplicação da advertência (Art. 141, III)
- Chefe da repartição
- Outras autoridades na forma dos respectivos regimentos ou regulamentos

Cancelamento do registro (Art. 131)
- A advertência terá seu registro cancelado após **3 anos** de efetivo exercício, se o servidor não cometer nova infração disciplinar — Nesse prazo, se cometer nova falta, será considerado **reincidente**
- O cancelamento da penalidade **não** surtirá **efeitos retroativos**

REGIME DISCIPLINAR - PENALIDADES II

Penalidades

Suspensão (Art. 130)

Suspensão é a sanção disciplinar na qual se proíbe o servidor de exercer suas funções por até **90 dias**, com a perda da remuneração pelos dias respectivos

- A suspensão poderá ser **convertida** em **multa**, em **50%** por dia de **vencimento** ou **remuneração**, ficando o servidor obrigado a permanecer em serviço → Ato discricionário

Infrações disciplinares puníveis com suspensão

- I - Reincidência das faltas punidas com advertência
- II - Recusa, **injustificada**, a se submeter à **inspeção médica** — Suspensão de até **15 dias**
  - O cumprimento da determinação cessa os efeitos da penalidade
- III - Cometer a outro **SERVIDOR** atribuições estranhas ao cargo que ocupa
  - **Exceto** em situações de emergência e transitórias
- IV - Exercer quaisquer **atividades** que sejam **incompatíveis** com o exercício do cargo ou função e com o horário de trabalho

Autoridade competente para aplicação da suspensão

- I - Suspensão de **ATÉ 30 dias** (Art. 141, III)
  - Chefe da repartição
  - Outras autoridades na forma dos respectivos regimentos ou regulamentos
- II - Suspensão **SUPERIOR** a **30 dias** (art. 141, II)
  - Autoridades administrativas de **hierarquia** imediatamente **inferior** a:
    - Presidente da República
    - Presidentes das casas do Poder Legislativo
    - Presidentes dos tribunais federais
    - Procurador-Geral da República
  - Conforme o órgão ou a entidade a que se encontrar vinculado o servidor

Cancelamento do registro (Art. 131)

- A suspensão terá seu registro cancelado após **5 anos** de efetivo exercício, se o servidor não cometer nova infração disciplinar
  - Nesse prazo, se cometer nova falta, será considerado **reincidente**
- O cancelamento da penalidade **não** surtirá **efeitos retroativos**

53

REGIME DISCIPLINAR - PENALIDADES III

Penalidades
└ **Penalidades expulsivas**

As penas expulsivas (capitais) extinguem o vínculo do servidor faltoso com a Administração Pública

Infrações disciplinares puníveis com penas expulsivas (Art. 132)

- **I - Crime contra a Administração Pública** → ✗ **Não** poderá retornar ao serviço público federal (art. 137)

- **II - Abandono de cargo** — Ausência intencional do servidor ao serviço por **MAIS** de **30 dias** consecutivos (art. 138)

- **III - Inassiduidade habitual** — Falta ao serviço, sem causa justificada, por **60 dias**, interpoladamente, durante o período de **12 meses** (art. 139)

- **IV - Improbidade administrativa** → ✗ **Não** poderá retornar ao serviço público federal (art. 137)
  - Implica também a indisponibilidade dos bens e o ressarcimento ao erário (art. 136)

- **V - Incontinência pública e conduta escandalosa, na repartição**

- **VI - Insubordinação grave em serviço**

- **VII - Ofensa física, em serviço, a servidor ou a particular, salvo em legítima defesa própria ou de outrem**

- **VIII - Aplicação irregular de dinheiros públicos** → ✗ **Não** poderá retornar ao serviço público federal (art. 137)
  - Implica também a indisponibilidade dos bens e o ressarcimento ao erário (art. 136)

- **IX - Revelação de segredo do qual se apropriou em razão do cargo**

- **X - Lesão aos cofres públicos e dilapidação do patrimônio nacional** → ✗ **Não** poderá retornar ao serviço público federal (art. 137)
  - Implica também a indisponibilidade dos bens e o ressarcimento ao erário (art. 136)

- **XI - Corrupção** → ✗ **Não** poderá retornar ao serviço público federal (art. 137)
  - Implica também a indisponibilidade dos bens e o ressarcimento ao erário (art. 136)

- **XII - Acumulação ilegal de cargos, empregos ou funções públicas**

- **XIII - Transgressão dos incisos IX a XVI do art. 117**
  - Ver Mapa "**Proibições II**"

⚠ A **destituição** de **cargo em comissão** exercido por **não** ocupante de **cargo efetivo** também será aplicada nos casos de infração sujeita às penalidades de **suspensão** (art. 135)

Autoridade competente para aplicação das penas expulsivas

- **I - Demissão e cassação de aposentadoria ou disponibilidade** (art. 141, I)
  - Autoridade competente:
    - Presidente da República
    - Presidentes das casas do Poder Legislativo
    - Presidentes dos tribunais federais
    - Procurador-Geral da República
  - Conforme o órgão ou a entidade a que se encontrar vinculado o servidor

- **II - Destituição de cargo em comissão** — Autoridade que nomeou (art. 141, IV)

Capítulo 6

Processo Administrativo Disciplinar

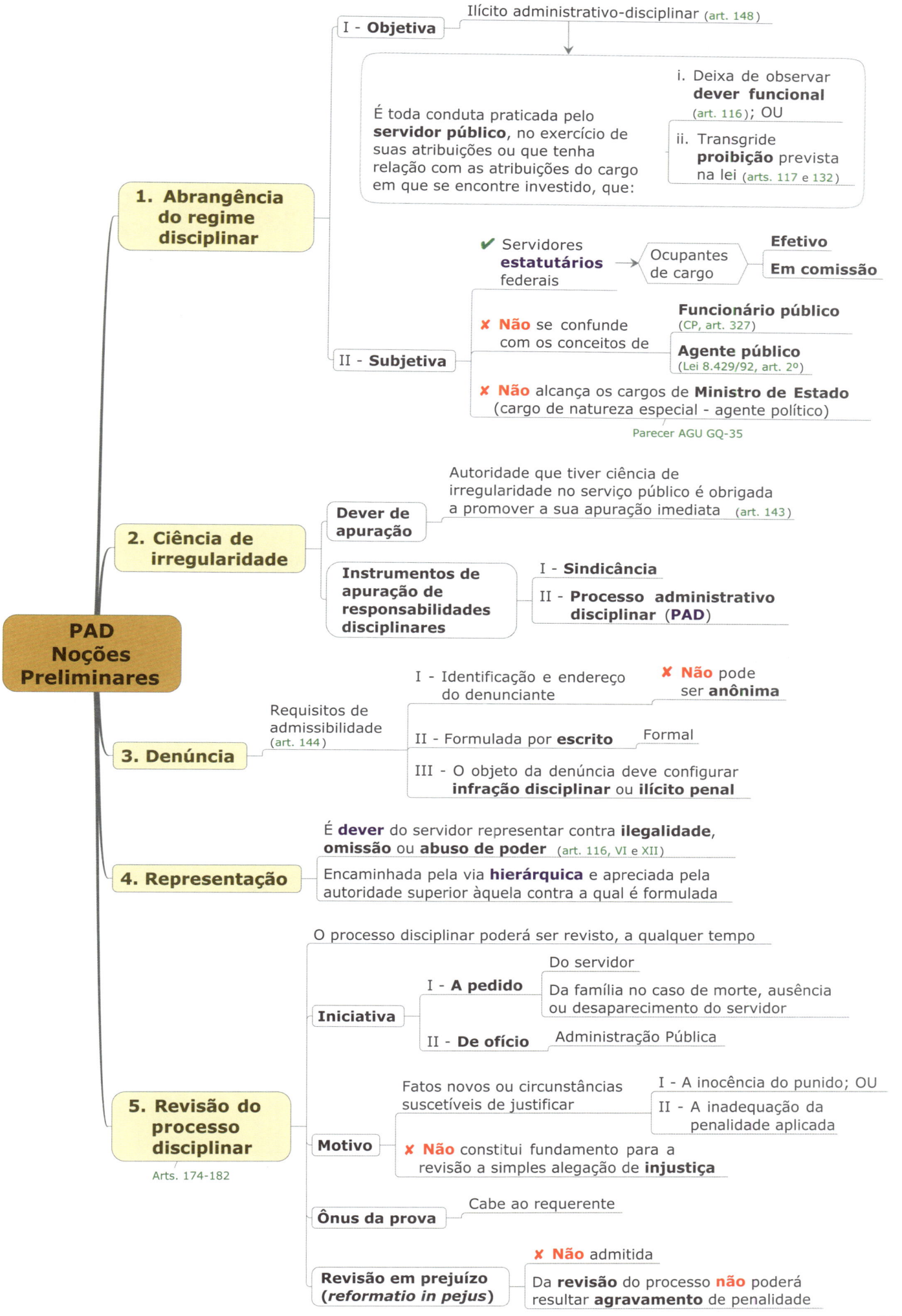

PROCESSO ADMINISTRATIVO DISCIPLINAR - NOÇÕES PRELIMINARES

PAD Noções Preliminares

1. Abrangência do regime disciplinar

I - Objetiva — Ilícito administrativo-disciplinar (art. 148)

É toda conduta praticada pelo **servidor público**, no exercício de suas atribuições ou que tenha relação com as atribuições do cargo em que se encontre investido, que:
- i. Deixa de observar **dever funcional** (art. 116); OU
- ii. Transgride **proibição** prevista na lei (arts. 117 e 132)

II - Subjetiva
- ✓ Servidores **estatutários** federais → Ocupantes de cargo → Efetivo / Em comissão
- ✗ **Não** se confunde com os conceitos de:
  - Funcionário público (CP, art. 327)
  - Agente público (Lei 8.429/92, art. 2º)
- ✗ **Não** alcança os cargos de **Ministro de Estado** (cargo de natureza especial - agente político)
  - Parecer AGU GQ-35

2. Ciência de irregularidade

Dever de apuração: Autoridade que tiver ciência de irregularidade no serviço público é obrigada a promover a sua apuração imediata (art. 143)

Instrumentos de apuração de responsabilidades disciplinares:
- I - **Sindicância**
- II - **Processo administrativo disciplinar (PAD)**

3. Denúncia

Requisitos de admissibilidade (art. 144):
- I - Identificação e endereço do denunciante — ✗ **Não** pode ser **anônima**
- II - Formulada por **escrito** — Formal
- III - O objeto da denúncia deve configurar **infração disciplinar** ou **ilícito penal**

4. Representação

É **dever** do servidor representar contra **ilegalidade**, **omissão** ou **abuso de poder** (art. 116, VI e XII)

Encaminhada pela via **hierárquica** e apreciada pela autoridade superior àquela contra a qual é formulada

5. Revisão do processo disciplinar

Arts. 174-182

O processo disciplinar poderá ser revisto, a qualquer tempo

Iniciativa:
- I - **A pedido**:
  - Do servidor
  - Da família no caso de morte, ausência ou desaparecimento do servidor
- II - **De ofício**: Administração Pública

Motivo: Fatos novos ou circunstâncias suscetíveis de justificar
- I - A inocência do punido; OU
- II - A inadequação da penalidade aplicada
- ✗ **Não** constitui fundamento para a revisão a simples alegação de **injustiça**

Ônus da prova: Cabe ao requerente

Revisão em prejuízo (*reformatio in pejus*): ✗ **Não** admitida — Da **revisão** do processo **não** poderá resultar **agravamento** de penalidade

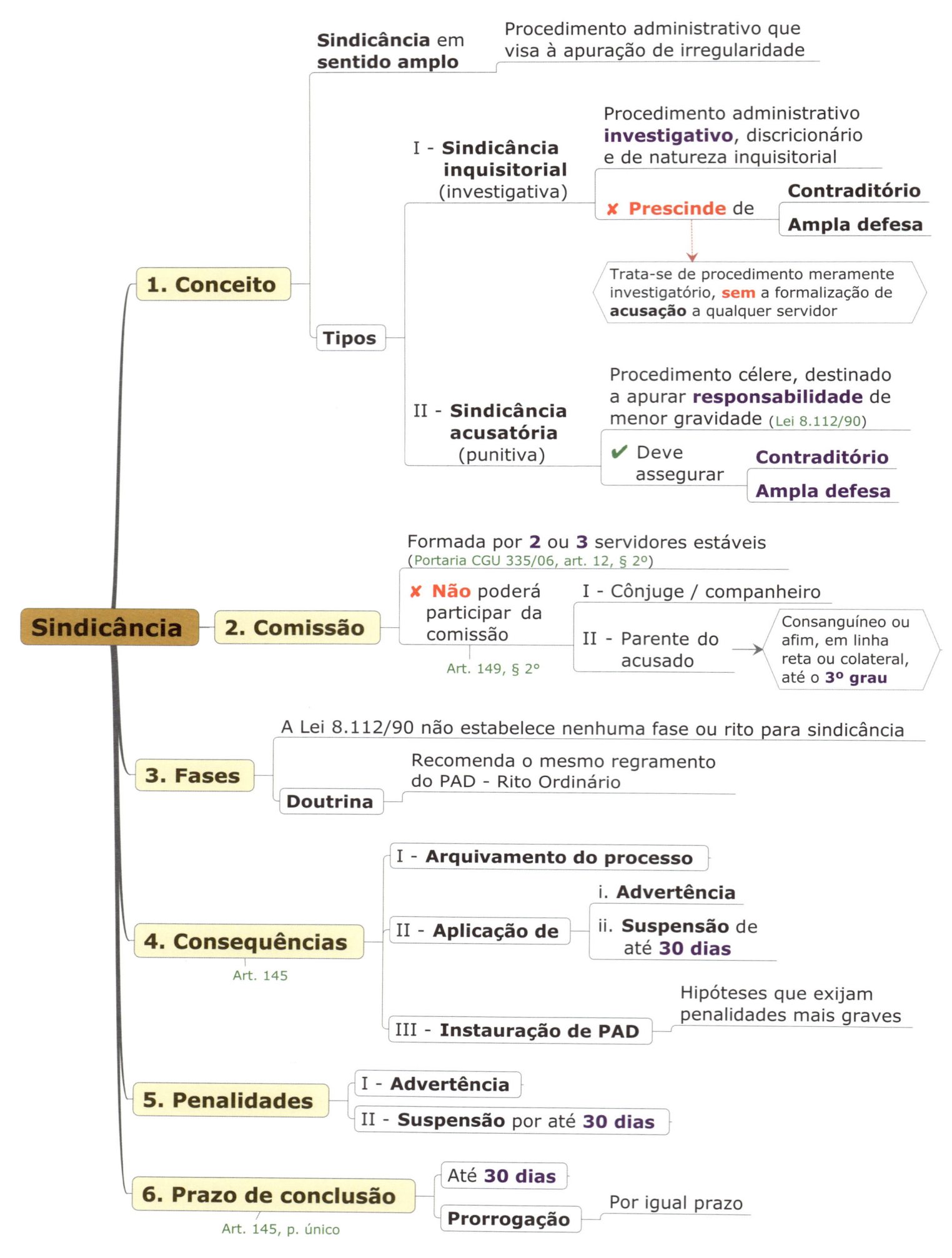

PROCESSO ADMINISTRATIVO DISCIPLINAR - SINDICÂNCIA

Sindicância

1. Conceito
- **Sindicância em sentido amplo**: Procedimento administrativo que visa à apuração de irregularidade
- **Tipos**:
  - **I - Sindicância inquisitorial (investigativa)**: Procedimento administrativo **investigativo**, discricionário e de natureza inquisitorial
    - ✗ **Prescinde** de: Contraditório / Ampla defesa
    - Trata-se de procedimento meramente investigatório, **sem** a formalização de **acusação** a qualquer servidor
  - **II - Sindicância acusatória (punitiva)**: Procedimento célere, destinado a apurar **responsabilidade** de menor gravidade (Lei 8.112/90)
    - ✓ Deve assegurar: Contraditório / Ampla defesa

2. Comissão
- Formada por **2** ou **3** servidores estáveis (Portaria CGU 335/06, art. 12, § 2º)
- ✗ **Não** poderá participar da comissão (Art. 149, § 2º):
  - I - Cônjuge / companheiro
  - II - Parente do acusado → Consanguíneo ou afim, em linha reta ou colateral, até o **3º grau**

3. Fases
- A Lei 8.112/90 não estabelece nenhuma fase ou rito para sindicância
- **Doutrina**: Recomenda o mesmo regramento do PAD - Rito Ordinário

4. Consequências (Art. 145)
- I - **Arquivamento do processo**
- II - **Aplicação de**:
  - i. **Advertência**
  - ii. **Suspensão** de até **30 dias**
- III - **Instauração de PAD**: Hipóteses que exijam penalidades mais graves

5. Penalidades
- I - **Advertência**
- II - **Suspensão** por até **30 dias**

6. Prazo de conclusão (Art. 145, p. único)
- Até **30 dias**
- **Prorrogação**: Por igual prazo

PROCESSO ADMINISTRATIVO DISCIPLINAR - RITO ORDINÁRIO

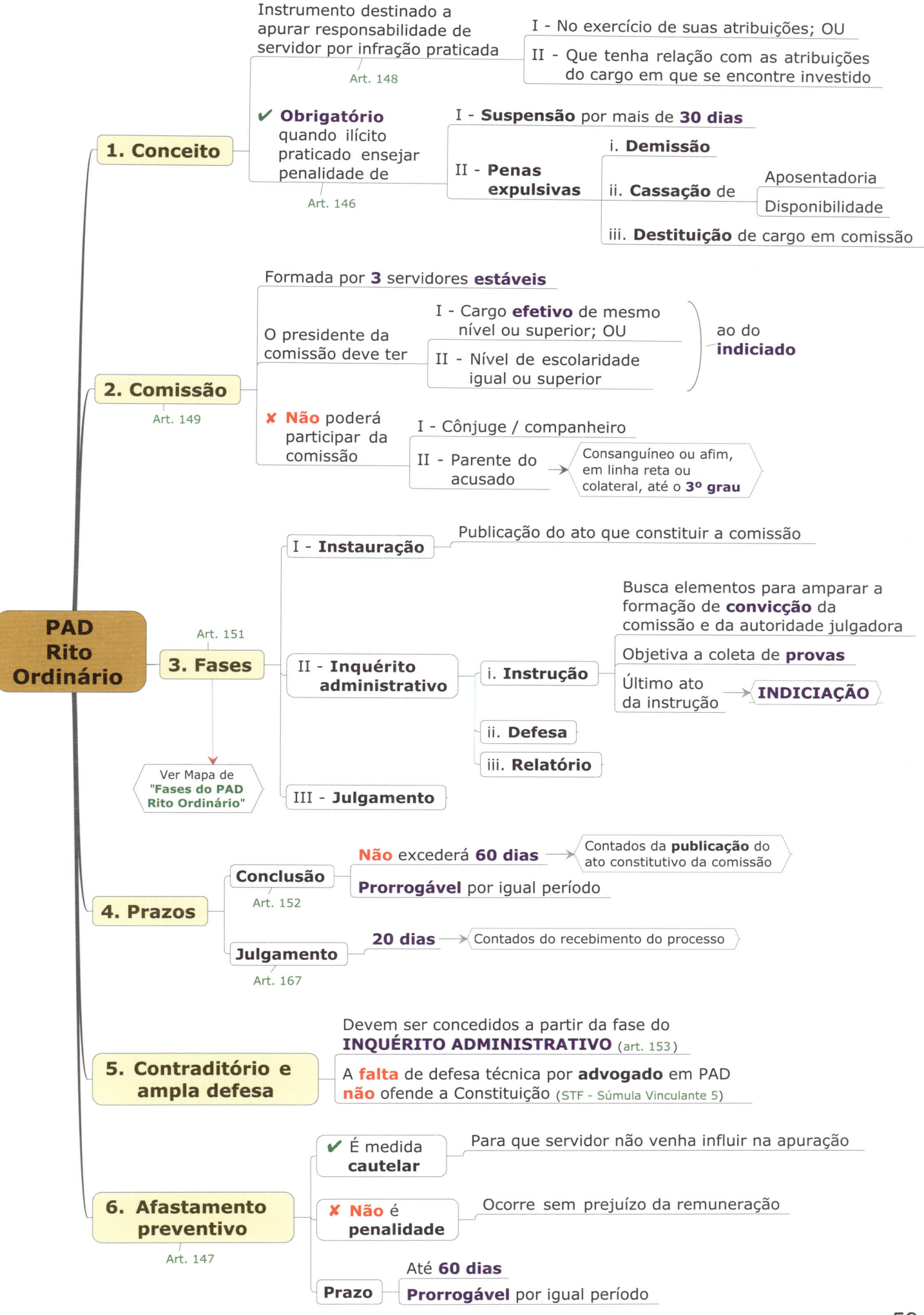

PAD Rito Ordinário

1. Conceito

- Instrumento destinado a apurar responsabilidade de servidor por infração praticada — Art. 148
  - I - No exercício de suas atribuições; OU
  - II - Que tenha relação com as atribuições do cargo em que se encontre investido

- ✔ **Obrigatório** quando ilícito praticado ensejar penalidade de — Art. 146
  - I - **Suspensão** por mais de **30 dias**
  - II - **Penas expulsivas**
    - i. **Demissão**
    - ii. **Cassação** de
      - Aposentadoria
      - Disponibilidade
    - iii. **Destituição** de cargo em comissão

2. Comissão — Art. 149

- Formada por **3** servidores **estáveis**
- O presidente da comissão deve ter (ao do **indiciado**):
  - I - Cargo **efetivo** de mesmo nível ou superior; OU
  - II - Nível de escolaridade igual ou superior
- ✘ **Não** poderá participar da comissão:
  - I - Cônjuge / companheiro
  - II - Parente do acusado → Consanguíneo ou afim, em linha reta ou colateral, até o **3º grau**

3. Fases — Art. 151

- I - **Instauração** — Publicação do ato que constituir a comissão
- II - **Inquérito administrativo**
  - Busca elementos para amparar a formação de **convicção** da comissão e da autoridade julgadora
  - i. **Instrução**
    - Objetiva a coleta de **provas**
    - Último ato da instrução → **INDICIAÇÃO**
  - ii. **Defesa**
  - iii. **Relatório**
- III - **Julgamento**

Ver Mapa de "**Fases do PAD Rito Ordinário**"

4. Prazos

- **Conclusão** — Art. 152
  - **Não** excederá **60 dias** → Contados da **publicação** do ato constitutivo da comissão
  - **Prorrogável** por igual período
- **Julgamento** — Art. 167
  - **20 dias** → Contados do recebimento do processo

5. Contraditório e ampla defesa

- Devem ser concedidos a partir da fase do **INQUÉRITO ADMINISTRATIVO** (art. 153)
- A **falta** de defesa técnica por **advogado** em PAD **não** ofende a Constituição (STF - Súmula Vinculante 5)

6. Afastamento preventivo — Art. 147

- ✔ É medida **cautelar** — Para que servidor não venha influir na apuração
- ✘ **Não** é **penalidade** — Ocorre sem prejuízo da remuneração
- **Prazo**
  - Até **60 dias**
  - **Prorrogável** por igual período

FASES DO PAD RITO ORDINÁRIO

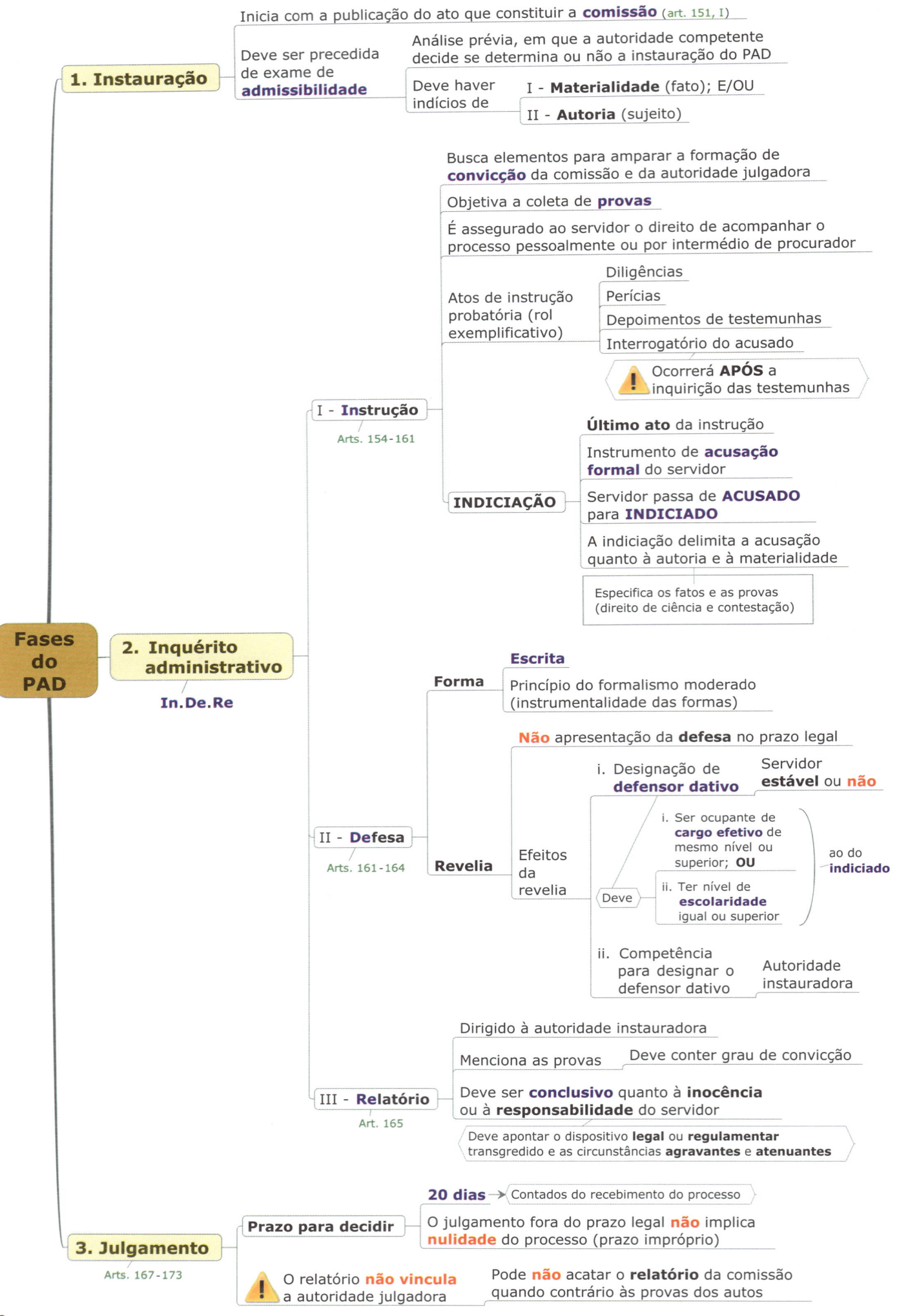

Fases do PAD

1. Instauração
- Inicia com a publicação do ato que constituir a **comissão** (art. 151, I)
- Deve ser precedida de exame de **admissibilidade**
  - Análise prévia, em que a autoridade competente decide se determina ou não a instauração do PAD
  - Deve haver indícios de:
    - I - **Materialidade** (fato); E/OU
    - II - **Autoria** (sujeito)

2. Inquérito administrativo (In.De.Re)

I - Instrução (Arts. 154-161)
- Busca elementos para amparar a formação de **convicção** da comissão e da autoridade julgadora
- Objetiva a coleta de **provas**
- É assegurado ao servidor o direito de acompanhar o processo pessoalmente ou por intermédio de procurador
- Atos de instrução probatória (rol exemplificativo):
  - Diligências
  - Perícias
  - Depoimentos de testemunhas
  - Interrogatório do acusado
    - ⚠ Ocorrerá **APÓS** a inquirição das testemunhas
- **INDICIAÇÃO**
  - **Último ato** da instrução
  - Instrumento de **acusação formal** do servidor
  - Servidor passa de **ACUSADO** para **INDICIADO**
  - A indiciação delimita a acusação quanto à autoria e à materialidade
  - Especifica os fatos e as provas (direito de ciência e contestação)

II - Defesa (Arts. 161-164)
- Forma:
  - **Escrita**
  - Princípio do formalismo moderado (instrumentalidade das formas)
- Revelia:
  - **Não** apresentação da **defesa** no prazo legal
  - Efeitos da revelia:
    - i. Designação de **defensor dativo**
      - Servidor **estável** ou **não**
      - Deve:
        - i. Ser ocupante de **cargo efetivo** de mesmo nível ou superior; OU
        - ii. Ter nível de **escolaridade** igual ou superior
      - ao do **indiciado**
    - ii. Competência para designar o defensor dativo — Autoridade instauradora

III - Relatório (Art. 165)
- Dirigido à autoridade instauradora
- Menciona as provas — Deve conter grau de convicção
- Deve ser **conclusivo** quanto à **inocência** ou à **responsabilidade** do servidor
- Deve apontar o dispositivo **legal** ou **regulamentar** transgredido e as circunstâncias **agravantes** e **atenuantes**

3. Julgamento (Arts. 167-173)
- Prazo para decidir:
  - **20 dias** → Contados do recebimento do processo
  - O julgamento fora do prazo legal **não** implica **nulidade** do processo (prazo impróprio)
- ⚠ O relatório **não vincula** a autoridade julgadora
  - Pode **não** acatar o **relatório** da comissão quando contrário às provas dos autos

PROCESSO ADMINISTRATIVO DISCIPLINAR - RITO SUMÁRIO E PRAZOS

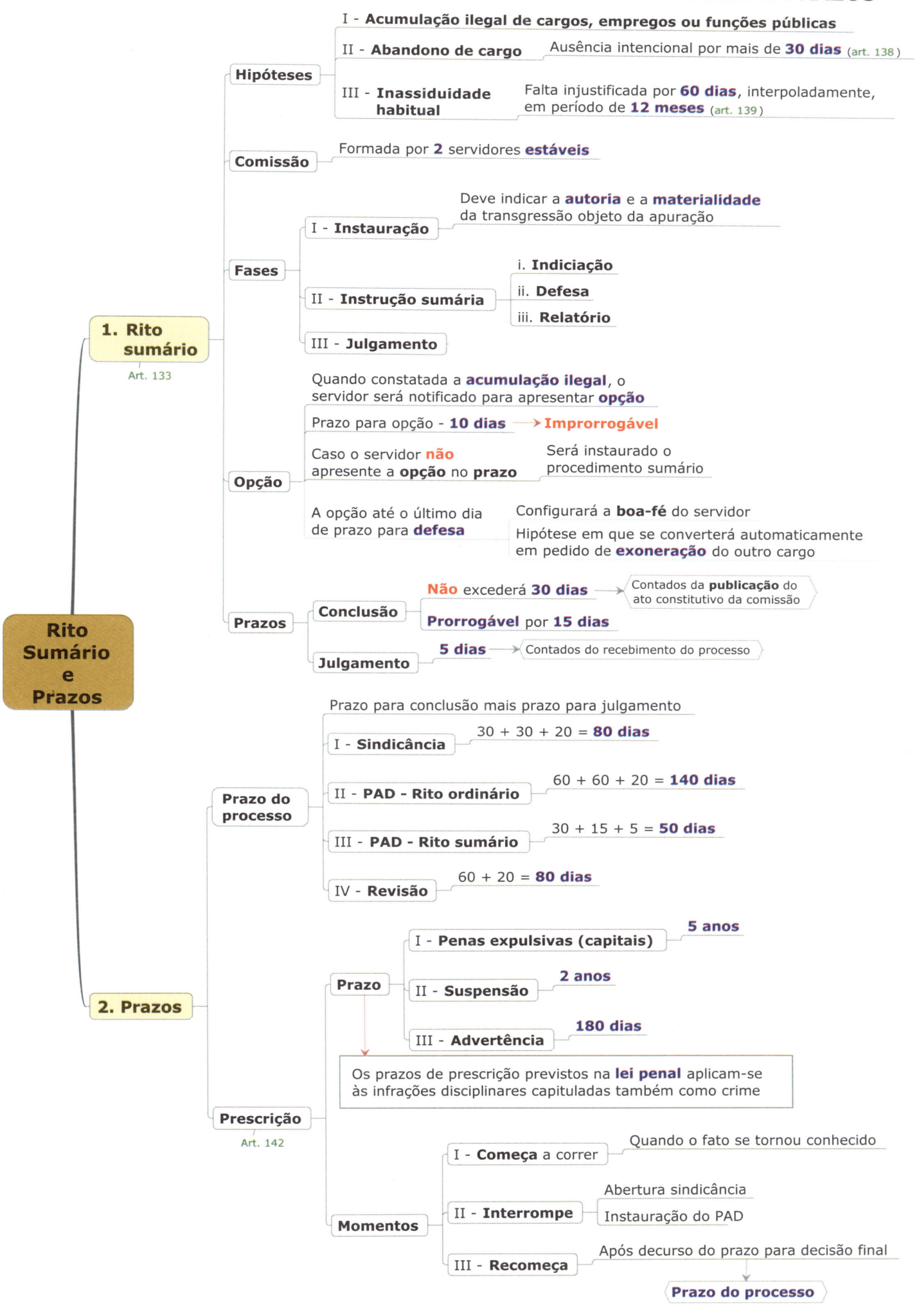

Rito Sumário e Prazos

1. Rito sumário (Art. 133)

- **Hipóteses**
  - I - **Acumulação ilegal de cargos, empregos ou funções públicas**
  - II - **Abandono de cargo** — Ausência intencional por mais de **30 dias** (art. 138)
  - III - **Inassiduidade habitual** — Falta injustificada por **60 dias**, interpoladamente, em período de **12 meses** (art. 139)

- **Comissão** — Formada por **2** servidores **estáveis**

- **Fases**
  - I - **Instauração** — Deve indicar a **autoria** e a **materialidade** da transgressão objeto da apuração
  - II - **Instrução sumária**
    - i. **Indiciação**
    - ii. **Defesa**
    - iii. **Relatório**
  - III - **Julgamento**

- **Opção**
  - Quando constatada a **acumulação ilegal**, o servidor será notificado para apresentar **opção**
  - Prazo para opção - **10 dias** → **Improrrogável**
  - Caso o servidor **não** apresente a **opção** no **prazo** → Será instaurado o procedimento sumário
  - A opção até o último dia de prazo para **defesa**:
    - Configurará a **boa-fé** do servidor
    - Hipótese em que se converterá automaticamente em pedido de **exoneração** do outro cargo

- **Prazos**
  - **Conclusão**
    - **Não** excederá **30 dias** → Contados da **publicação** do ato constitutivo da comissão
    - **Prorrogável** por **15 dias**
  - **Julgamento** — **5 dias** → Contados do recebimento do processo

2. Prazos

- **Prazo do processo** (Prazo para conclusão mais prazo para julgamento)
  - I - **Sindicância** — 30 + 30 + 20 = **80 dias**
  - II - **PAD - Rito ordinário** — 60 + 60 + 20 = **140 dias**
  - III - **PAD - Rito sumário** — 30 + 15 + 5 = **50 dias**
  - IV - **Revisão** — 60 + 20 = **80 dias**

- **Prescrição** (Art. 142)
  - **Prazo**
    - I - **Penas expulsivas (capitais)** — **5 anos**
    - II - **Suspensão** — **2 anos**
    - III - **Advertência** — **180 dias**
  - Os prazos de prescrição previstos na **lei penal** aplicam-se às infrações disciplinares capituladas também como crime
  - **Momentos**
    - I - **Começa** a correr — Quando o fato se tornou conhecido
    - II - **Interrompe**
      - Abertura sindicância
      - Instauração do PAD
    - III - **Recomeça** — Após decurso do prazo para decisão final → **Prazo do processo**

Capítulo 7

Seguridade Social do Servidor

DISPOSIÇÕES GERAIS DA SEGURIDADE SOCIAL DO SERVIDOR

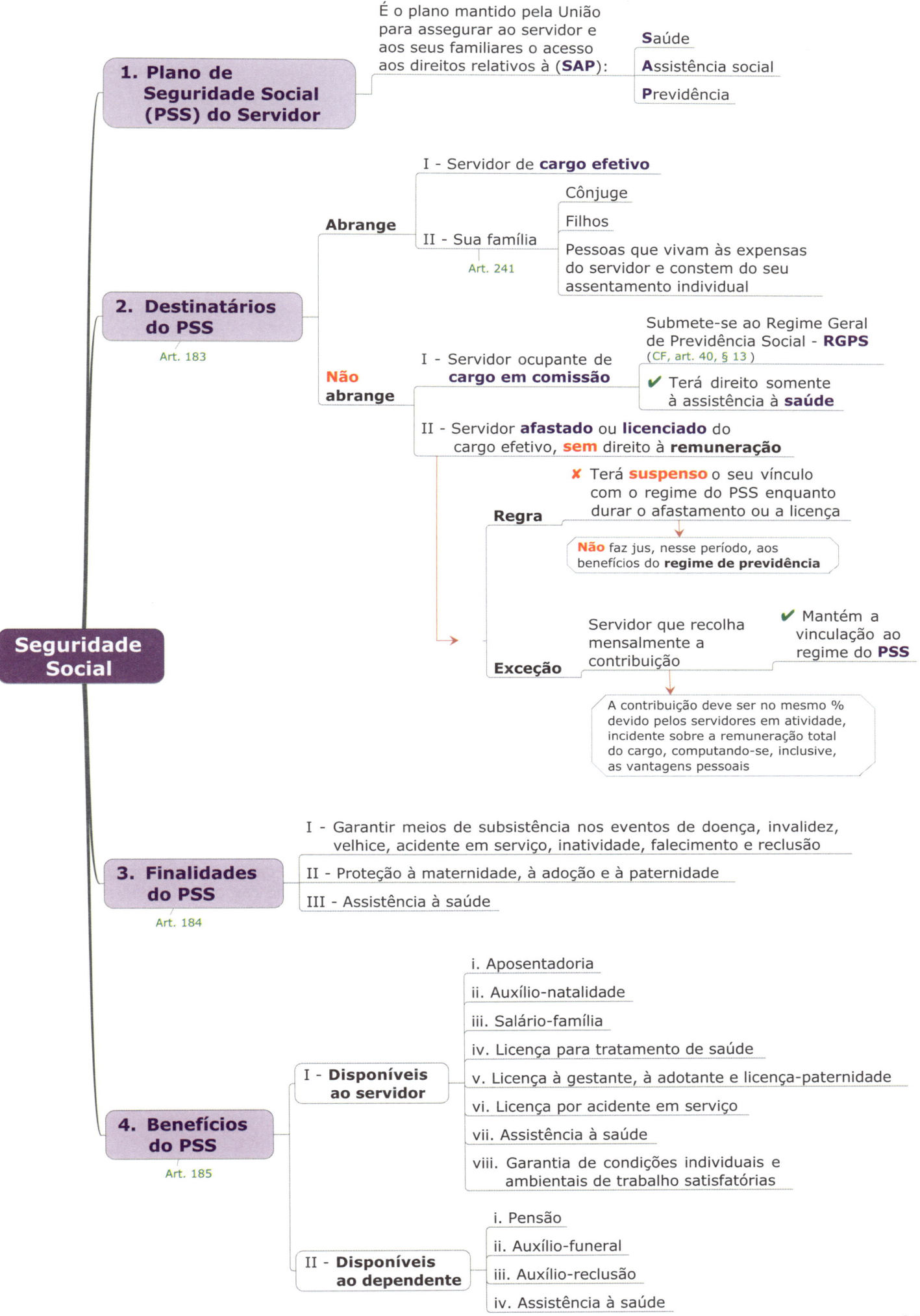

Seguridade Social

1. Plano de Seguridade Social (PSS) do Servidor

É o plano mantido pela União para assegurar ao servidor e aos seus familiares o acesso aos direitos relativos à (**SAP**):
- **S**aúde
- **A**ssistência social
- **P**revidência

2. Destinatários do PSS
Art. 183

Abrange (Art. 241)
- I - Servidor de **cargo efetivo**
- II - Sua família
  - Cônjuge
  - Filhos
  - Pessoas que vivam às expensas do servidor e constem do seu assentamento individual

Não abrange
- I - Servidor ocupante de **cargo em comissão**
  - Submete-se ao Regime Geral de Previdência Social - **RGPS** (CF, art. 40, § 13)
  - ✔ Terá direito somente à assistência à **saúde**
- II - Servidor **afastado** ou **licenciado** do cargo efetivo, **sem** direito à **remuneração**
  - **Regra**: ✘ Terá **suspenso** o seu vínculo com o regime do PSS enquanto durar o afastamento ou a licença
    - **Não** faz jus, nesse período, aos benefícios do **regime de previdência**
  - **Exceção**: Servidor que recolha mensalmente a contribuição
    - ✔ Mantém a vinculação ao regime do **PSS**
    - A contribuição deve ser no mesmo % devido pelos servidores em atividade, incidente sobre a remuneração total do cargo, computando-se, inclusive, as vantagens pessoais

3. Finalidades do PSS
Art. 184

- I - Garantir meios de subsistência nos eventos de doença, invalidez, velhice, acidente em serviço, inatividade, falecimento e reclusão
- II - Proteção à maternidade, à adoção e à paternidade
- III - Assistência à saúde

4. Benefícios do PSS
Art. 185

I - Disponíveis ao servidor
- i. Aposentadoria
- ii. Auxílio-natalidade
- iii. Salário-família
- iv. Licença para tratamento de saúde
- v. Licença à gestante, à adotante e licença-paternidade
- vi. Licença por acidente em serviço
- vii. Assistência à saúde
- viii. Garantia de condições individuais e ambientais de trabalho satisfatórias

II - Disponíveis ao dependente
- i. Pensão
- ii. Auxílio-funeral
- iii. Auxílio-reclusão
- iv. Assistência à saúde

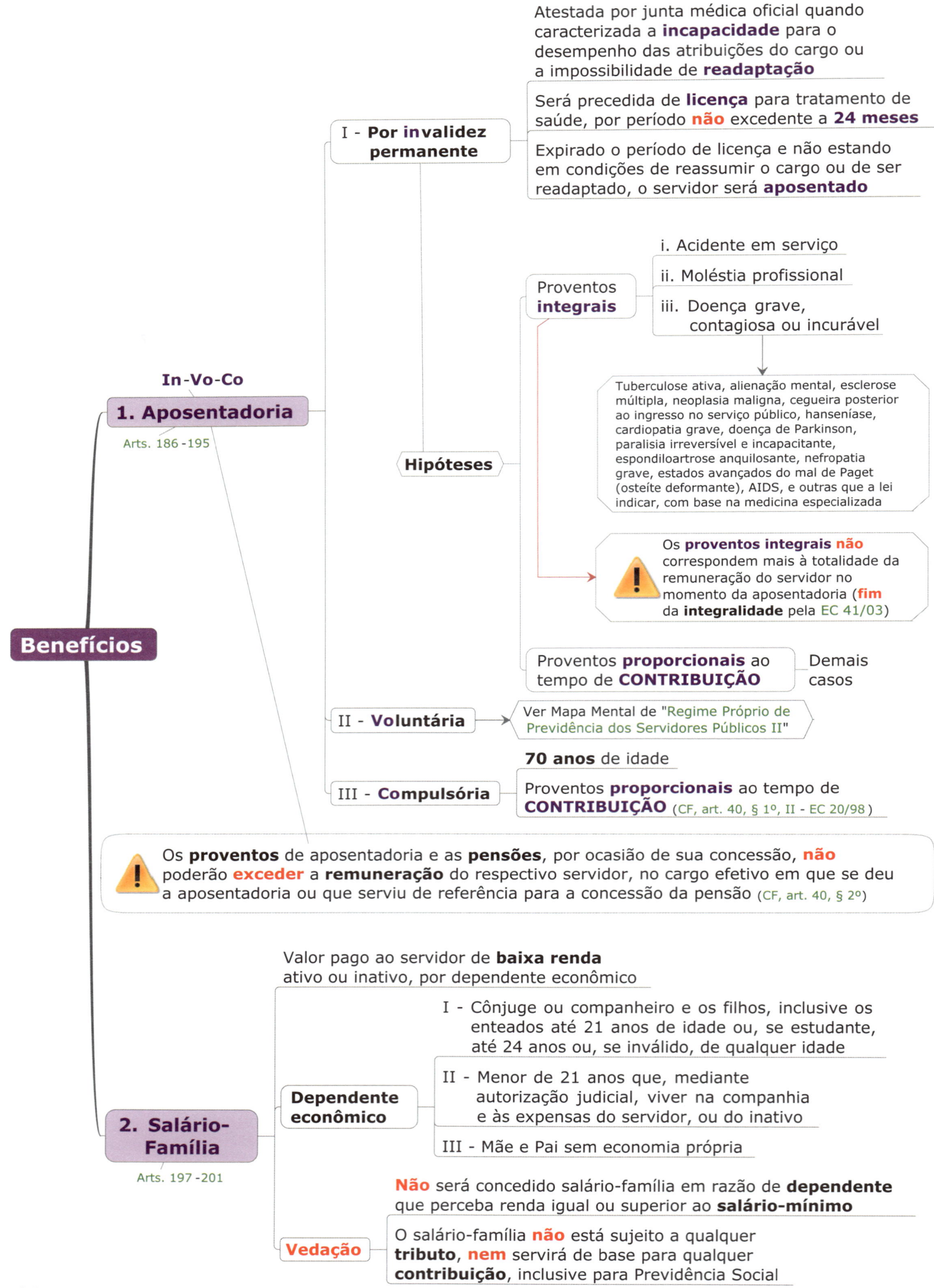

SEGURIDADE SOCIAL DO SERVIDOR - BENEFÍCIOS I

Benefícios

1. Aposentadoria
In-Vo-Co
Arts. 186-195

I - Por invalidez permanente
- Atestada por junta médica oficial quando caracterizada a **incapacidade** para o desempenho das atribuições do cargo ou a impossibilidade de **readaptação**
- Será precedida de **licença** para tratamento de saúde, por período **não** excedente a **24 meses**
- Expirado o período de licença e não estando em condições de reassumir o cargo ou de ser readaptado, o servidor será **aposentado**

Hipóteses:

Proventos **integrais**:
- i. Acidente em serviço
- ii. Moléstia profissional
- iii. Doença grave, contagiosa ou incurável
  - Tuberculose ativa, alienação mental, esclerose múltipla, neoplasia maligna, cegueira posterior ao ingresso no serviço público, hanseníase, cardiopatia grave, doença de Parkinson, paralisia irreversível e incapacitante, espondiloartrose anquilosante, nefropatia grave, estados avançados do mal de Paget (osteíte deformante), AIDS, e outras que a lei indicar, com base na medicina especializada

⚠️ Os **proventos integrais não** correspondem mais à totalidade da remuneração do servidor no momento da aposentadoria (**fim** da **integralidade** pela EC 41/03)

Proventos **proporcionais** ao tempo de **CONTRIBUIÇÃO** — Demais casos

II - Voluntária
- Ver Mapa Mental de "Regime Próprio de Previdência dos Servidores Públicos II"

III - Compulsória
- **70 anos** de idade
- Proventos **proporcionais** ao tempo de **CONTRIBUIÇÃO** (CF, art. 40, § 1º, II - EC 20/98)

⚠️ Os **proventos** de aposentadoria e as **pensões**, por ocasião de sua concessão, **não** poderão **exceder** a **remuneração** do respectivo servidor, no cargo efetivo em que se deu a aposentadoria ou que serviu de referência para a concessão da pensão (CF, art. 40, § 2º)

2. Salário-Família
Arts. 197-201

Valor pago ao servidor de **baixa renda** ativo ou inativo, por dependente econômico

Dependente econômico:
- I - Cônjuge ou companheiro e os filhos, inclusive os enteados até 21 anos de idade ou, se estudante, até 24 anos ou, se inválido, de qualquer idade
- II - Menor de 21 anos que, mediante autorização judicial, viver na companhia e às expensas do servidor, ou do inativo
- III - Mãe e Pai sem economia própria

Vedação:
- **Não** será concedido salário-família em razão de **dependente** que perceba renda igual ou superior ao **salário-mínimo**
- O salário-família **não** está sujeito a qualquer **tributo**, **nem** servirá de base para qualquer **contribuição**, inclusive para Previdência Social

SEGURIDADE SOCIAL DO SERVIDOR - BENEFÍCIOS II

Benefício concedido, por **morte** do servidor **ativo** ou **aposentado**, aos dependentes que fizerem jus (beneficiários)

Benefícios 3. Pensão

1. Beneficiários (Art. 217)

- **I - Cônjuge**
- **II - Cônjuge divorciado ou separado** (judicialmente ou de fato) → Desde que receba pensão alimentícia estabelecida **judicialmente**
- **III - Companheiro(a)** → Deve comprovar **união estável**
- **IV - Filho**
  - Menor de **21 anos** de idade
  - **Inválido**
  - Com **deficiência** grave — ⚠ *Vacatio legis* - Entrará em vigor 2 anos após a publicação da Lei 13.135, ocorrida em 18/6/2015
  - Com **deficiência** intelectual ou mental
- **Enteado e menor tutelado equiparam-se a filho**
  - Mediante declaração do servidor
  - Desde que comprovem **dependência econômica** do servidor
- **V - Mãe e pai** → Desde que comprovem **dependência econômica** do servidor
- **VI - Irmão** → Desde que comprove **dependência econômica** do servidor e atenda a um dos **requisitos** referentes ao **filho**

⚠ A concessão de pensão aos beneficiários dos incisos I a IV **exclui** os beneficiários dos incisos V e VI

⚠ A concessão de pensão aos beneficiários do inciso V **exclui** os beneficiários do inciso VI

2. Valor

Corresponde à totalidade:
- da **remuneração** (falecimento de servidor ativo)
- dos **proventos** (falecimento de servidor aposentado)

Limitado ao valor máximo estabelecido para os benefícios do **RGPS**, **acrescido** de **70%** da parcela excedente a esse limite

Ocorrendo habilitação de vários titulares à pensão, o seu valor será distribuído em **partes iguais** entre os beneficiários habilitados (art. 218)

Ocorrendo a morte ou a perda da qualidade de beneficiário, a respectiva cota **reverte** para os cobeneficiários (art. 223)

3. Requerimento e prescrição (Art. 219)

- A pensão poderá ser requerida a qualquer tempo
- Prescrevem as prestações exigíveis há mais de **5 anos**
- Concedida a pensão, qualquer prova posterior ou habilitação tardia que implique exclusão de beneficiário ou redução de pensão só produzirá efeitos a partir da data em que for oferecida

4. Percepção cumulativa de pensão (Art. 225)

Ressalvado o direito de **opção**, é **vedada** a percepção cumulativa de:
- **I** - Pensão deixada por mais de um cônjuge ou companheiro(a)
- **II** - Mais de 2 pensões

SEGURIDADE SOCIAL DO SERVIDOR - BENEFÍCIOS III

Benefícios 3. Pensão

5. Casos que acarretam a perda da pensão
Art. 220

- I - Condenação do beneficiário por **crime doloso** de que tenha resultado a morte do servidor (somente após o trânsito em julgado)
- II - Comprovação, mediante processo judicial, de que o cônjuge ou companheiro(a) tenha:
  - **Simulado** ou **fraudado** o casamento ou a união estável
  - Formalizado casamento ou união estável com o **fim exclusivo** de constituir benefício previdenciário

6. Casos que acarretam a perda da qualidade de beneficiário
Art. 222

- I - Falecimento
- II - Anulação do casamento → Quando a decisão ocorrer APÓS a concessão da pensão ao cônjuge
- III - Cessação da invalidez (caso de beneficiário inválido), afastamento da deficiência (caso de beneficiário com deficiência), ou levantamento da interdição (caso de beneficiário absoluta ou relativamente incapaz) → Devem ser respeitados os períodos mínimos decorrentes da aplicação dos subitens i e ii do item VII
- IV - Atingimento da idade de 21 anos pelo filho ou irmão
- V - Acumulação de pensão
  - Ressalvado o direito de **opção**, é **vedada** a percepção cumulativa de:
    - i. Pensão deixada por mais de um cônjuge ou companheiro(a); e
    - ii. Mais de duas pensões
- VI - Renúncia expressa
- VII - Decurso dos seguintes períodos, aplicáveis ao cônjuge, ao cônjuge divorciado ou separado (com pensão alimentícia judicial) ou ao companheiro(a) (**tempo máximo de duração da pensão**):
  - i. **4 meses**
    1. Se o óbito ocorrer **sem** que o servidor tenha vertido **18 contribuições** mensais
    2. Se o casamento ou a união estável tiverem sido iniciados em **menos** de **2 anos** antes do óbito do servidor
  - ii. Conforme a **idade** do **pensionista** na data de óbito do servidor e desde que **não** se enquadre nas duas hipóteses do período de **4 meses** (i)
    1. **3 anos**, com menos de 21 anos de idade
    2. **6 anos**, entre 21 e 26 anos de idade
    3. **10 anos**, entre 27 e 29 anos de idade
    4. **15 anos**, entre 30 e 40 anos de idade
    5. **20 anos**, entre 41 e 43 anos de idade
    6. **Vitalícia**, com 44 ou mais anos de idade

Se o servidor tiver morrido em decorrência de acidente de qualquer natureza ou de doença profissional ou do trabalho, não importará o número de contribuições que ele tenha pago nem o tempo de casamento ou união estável, aplicando-se os prazos do subitem ii

7. Pensão provisória
Art. 221

- Concedida por **morte presumida** do servidor
- Casos:
  - i. **Declaração de ausência**, pela autoridade judiciária competente
  - ii. **Desaparecimento** em desabamento, inundação, incêndio ou acidente não caracterizado como em serviço
  - iii. **Desaparecimento** no desempenho das atribuições do cargo ou em missão de segurança
- Transformação da pensão provisória em **vitalícia**:
  - Ocorre quando decorridos **5 anos** de sua vigência
  - No caso de **reaparecimento** do servidor, o benefício será **cancelado**

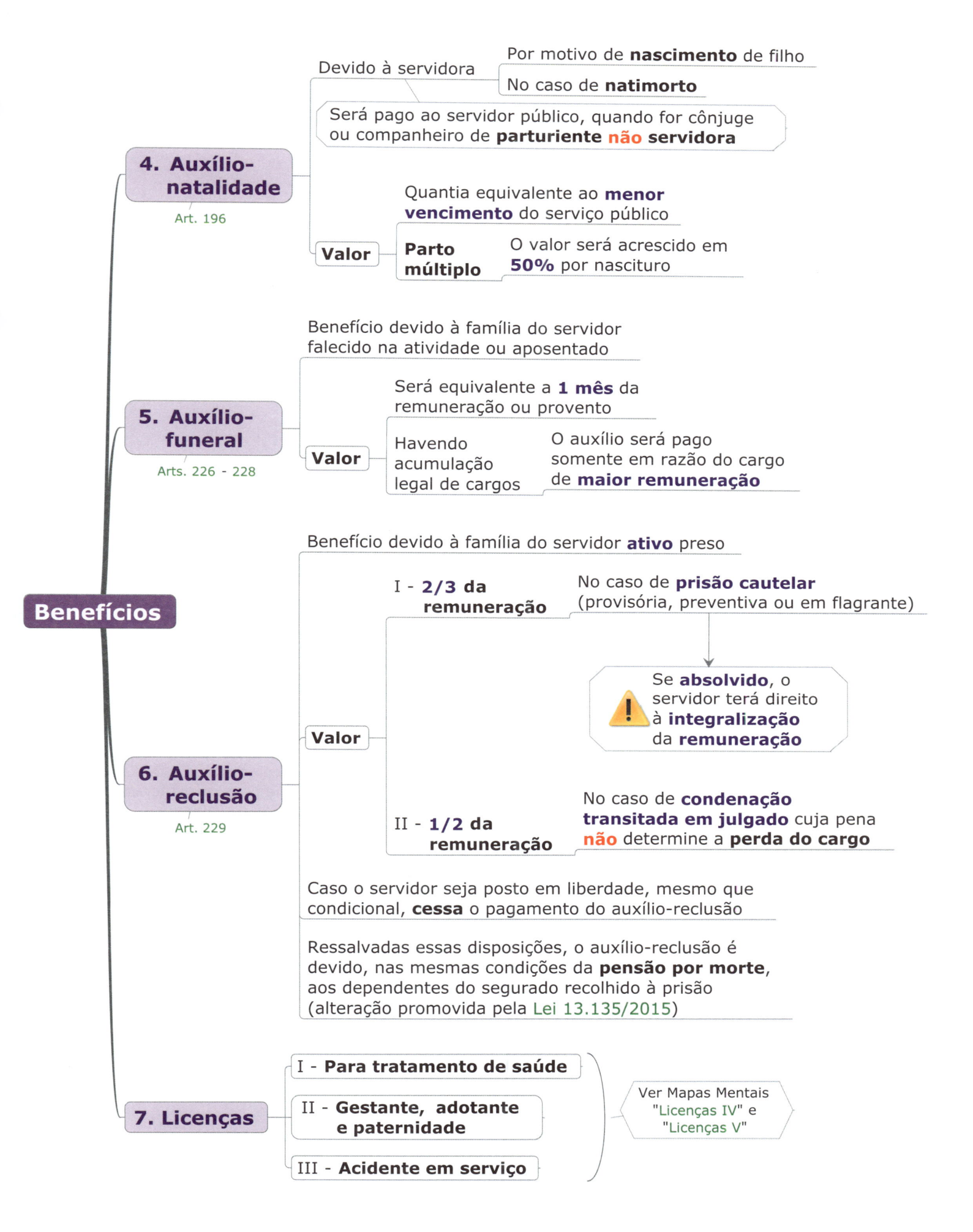

SEGURIDADE SOCIAL DO SERVIDOR - BENEFÍCIOS IV

Benefícios

4. Auxílio-natalidade
Art. 196

- Devido à servidora
  - Por motivo de **nascimento** de filho
  - No caso de **natimorto**
- Será pago ao servidor público, quando for cônjuge ou companheiro de **parturiente não servidora**
- Valor
  - Quantia equivalente ao **menor vencimento** do serviço público
  - **Parto múltiplo**: O valor será acrescido em **50%** por nascituro

5. Auxílio-funeral
Arts. 226 - 228

- Benefício devido à família do servidor falecido na atividade ou aposentado
- Valor
  - Será equivalente a **1 mês** da remuneração ou provento
  - Havendo acumulação legal de cargos: O auxílio será pago somente em razão do cargo de **maior remuneração**

6. Auxílio-reclusão
Art. 229

- Benefício devido à família do servidor **ativo** preso
- Valor
  - **I - 2/3 da remuneração**: No caso de **prisão cautelar** (provisória, preventiva ou em flagrante)
    - ⚠️ Se **absolvido**, o servidor terá direito à **integralização** da **remuneração**
  - **II - 1/2 da remuneração**: No caso de **condenação transitada em julgado** cuja pena **não** determine a **perda do cargo**
- Caso o servidor seja posto em liberdade, mesmo que condicional, **cessa** o pagamento do auxílio-reclusão
- Ressalvadas essas disposições, o auxílio-reclusão é devido, nas mesmas condições da **pensão por morte**, aos dependentes do segurado recolhido à prisão (alteração promovida pela Lei 13.135/2015)

7. Licenças

- I - **Para tratamento de saúde**
- II - **Gestante, adotante e paternidade**
- III - **Acidente em serviço**

Ver Mapas Mentais "Licenças IV" e "Licenças V"

SEGURIDADE SOCIAL DO SERVIDOR - ASSISTÊNCIA À SAÚDE

Constitui o tripé da seguridade social, juntamente com a previdência e a assistência social

Assistência à saúde

1. Beneficiários

- **I - Servidor**
  - i. Cargo efetivo
    - Ativo
    - Inativo (aposentado)
  - ii. Cargo em comissão (art. 183, § 1º)
- **II - Sua família** (Art. 241)
  - i. Cônjuge
  - ii. Filhos
  - iii. Pessoas que vivam às expensas do servidor e constem do seu assentamento individual

2. Abrangência

Compreende a assistência:
- I - Médica
- II - Hospitalar
- III - Odontológica
- IV - Psicológica
- V - Farmacêutica

3. Formas de prestação

- **I - Pelo Sistema Único de Saúde (SUS)**
- **II - Diretamente pelo órgão/entidade ao qual estiver vinculado o servidor**
- **III - Mediante convênio**
  - Planos públicos de saúde — Geridos pela própria Administração e pelos segurados
  - Devem ser celebrados exclusivamente para a prestação de serviços de assistência à saúde
  - Pactuados com **entidades** de **autogestão** patrocinadas pela União e por suas entidades autárquicas e fundacionais por meio de instrumentos jurídicos celebrados e publicados até 12/2/2006 e que possuam autorização de funcionamento do órgão regulador
    - Convênios celebrados depois de 12/2/2006 — Serão pactuados na forma da **regulamentação específica** sobre patrocínio de autogestões
- **IV - Mediante contrato**
  - A Administração contrata **entidade privada** para prestação dos serviços
  - Operadoras de planos e seguros privados de saúde que possuam autorização de funcionamento do órgão regulador
  - Ocorre mediante licitação (Lei 8.666/93)
- **V - Mediante ressarcimento parcial de despesas**
  - O valor do ressarcimento é limitado ao total despendido pelo servidor ou pensionista civil com plano ou seguro privado de assistência à saúde

Bibliografia

ALEXANDRINO, Marcelo & PAULO, Vicente. *Direito Administrativo Descomplicado*. 23ª Edição. São Paulo: Editora Método, 2015.

CARVALHO FILHO, José dos Santos. *Manual de Direito Administrativo*. 26ª Edição. Rio de Janeiro: Editora Lumen Juris, 2013.

DI PIETRO, Maria Sylvia Zanella. *Direito Administrativo*. 28ª Edição. São Paulo: Editora Atlas, 2015.

MEIRELLES, Hely Lopes. *Direito Administrativo Brasileiro*. 33ª Edição. São Paulo: Editora Malheiros, 2006.

MELLO, Celso Antônio Bandeira de. *Curso de Direito Administrativo*. 26ª Edição. São Paulo: Editora Malheiros, 2009.

MATTOS, Mauro Roberto Gomes de. *Lei 8.112/90 Interpretada e Comentada*. 6ª Edição. Niterói: Impetus, 2012.

CAVALCANTE FILHO, João Trindade de. *Regime Jurídico dos Servidores Públicos Federais*. 4ª Edição. Salvador: Editora Juspodivm, 2012.

OLIVEIRA, Luciano. *A Lei 8.112/1990 para Concursos*. 1ª Edição. São Paulo: Editora Método, 2012.

Esta obra foi impressa em papel offset 90g/m²